유능한 팀장,
그 이상의
팀장

유능한 팀장, 그 이상의 팀장

찰스 쿤라트 · 리사 앤 톰슨 지음, 정용숙 옮김

살림Biz

성공을 리드하라

나는 지난 2006년 플로리다 대학교의 미식축구팀 플로리다 게이터스(Florida Gators)의 수석 코치로 일하면서 22명의 상급생 선수들로 구성된 이 팀을 이끌고 정상의 자리를 차지하는 영예를 누렸다.

2004년, 플로리다 대학교는 교내 미식축구팀의 기량을 대폭 향상시키기 위해 나에게 코치를 맡겼다. 그 뒤로 2년 동안, 나는 팀 내에서 리더급 선수들을 발굴하고 이들이 보다 뛰어난 기량을 발휘할 수 있도록 지도했다. 그 결과 2006년도 BCS(Bowl Championship Series, 미국 대학 미식축구 챔피언 시리즈) 내셔널 챔피언십에서 우승컵을 획득할 수 있었다. 이런 경험을 통해 나는 팀을 보다 높은 차원의 성취, 더 나아가 최고의 자리까지 이끌어가는 힘이 무엇인지 누구보다 잘 배울 수 있었다.

코치 생활을 하면서 나는 '유능한 리더, 그 이상의 리더(The better people leader)' 라고 칭송할 만한 사람들과 함께 일하며 경험을 쌓았다. 그들은 모두 훌륭한 코치였으며, 나는 그들을 나의 멘토로 삼았다. 이들이 내게 보여준 공통점은 유능한 리더, 그 이상의 리더십을 발휘하는 사람들은 무슨 일이든 최소 수준에서 멈추는 일이 없다는 점이다. 물론 그럭저럭 적당히 해나가는 법도 없었다. 그들은 팀은 물론 선수 개개인, 그리고 코칭스태프들의 성공을 위해 헌신적인 자세를 보여줬고, 나는 이 경험을 통해 현재의 위치보다 앞서 나아간다는 것이 무엇인지를 배울 수 있었다. 또 이기기 위해 내가 해야 할 일이 무엇인지 알게 되었다. 그것은 바로 팀원들을 유능한 리더로 양성하는 것이다.

내가 코치 일을 처음 시작한 곳은 오하이오 주립대학교 미식축구팀으로, 팀을 이끌던 얼 브루스(Earle Bruce) 코치 밑에서 대학원생 보조 코치 신분으로 출발했다. 그는 팀의 선수들은 물론, 스태프에 대한 모든 것을 알고 있었다. 누구든 그의 시야에서 벗어나는 일은 거의 일어날 수 없을 정도였다. 그는 언제나 세부적인 사항에도 놀라울 만큼 꼼꼼하게 주의를 기울였고, 어떤 일이 발생하든 항상 만반의 준비를 갖추고 있었다. 그는 선수들에게 운동만 강조하는 게 아니라 수업에 빠지지 않고 참석해 학업을 소홀히 하지 않도록 지도했다. 또한 선수뿐 아니라 다른 코치들도 잘못 지도하는 점이 눈에 띌 경우 조언과 지도를 아끼지 않았다.

얼 브루스 코치는 콜로라도 주립대학교로 자리를 옮기면서 나에게 함께 일하자고 제안했다. 나는 이곳에서 리시버(Receiver) 코치로 일했다. 콜로라도 주립대학교 미식축구팀 역시 그의 지도에 따라 빠르게 기량이 향상되었다. 그가 코치를 시작한 후 첫 시즌이 끝나고 콜로라도 주립대학교는 프리덤 볼(Freedom Bowl) 출전 기회를 얻었고, 오리건 대학교와 맞붙어 승리했다. 이는 50년 만에 처음으로 콜로라도 주립대학교가 볼(Bowl, 대학 미식축구 시리즈로 일종의 결승전-역주) 무대에 등장한 작은 사건이었다.

브루스에 이어 소니 루빅(Sonny Lubick) 코치가 임용되었고, 나는 계속해서 리시버 코치로 남았다. 코치는 달라졌지만 콜로라도 주립대학교는 여전히 승승장구하며 성공을 이어나갔다. 두 사람의 지도 스타일은 사뭇 달랐지만 철저한 준비성, 근면함, 그리고 소속 선수에 대한 세밀한 분석과 정보 등은 신기할 만큼 닮아있었다.

그 뒤 콜로라도 주립대학교를 떠나 나는 노트르담 대학교로 자리를 옮겼고, 루 홀츠(Lou Holtz) 수석 코치 밑에서 역시 리시버 코치로 일했다. 나는 홀츠 수석 코치에게 철저한 준비성과 근면함, 그리고 동기부여 능력의 진수를 배웠다. 그는 팀을 고무시키거나 뭔가 해내도록 독려하는 경우에 어느 순간 어떤 말을 해야 하는지 정확히 아는 사람이었다.

내가 세 명의 멘토에게 배운 가장 귀중한 교훈은 바로 사람 ─ 모든 선수와 코칭스태프 ─ 이 최대의 자산이라는 사실이다. 당신이 자기 사람들에게 투자하는 만큼, 그들의 리더십을 개발하는 만큼, 그들로부터 얻는 성과 또한 커진다.

나의 경우에는 최상의 선수와 코칭스태프를 발굴하는 데 시간과 노력을 투자하는 것이 바로 그런 일이었다. 또한 우리 팀 소속 선수 한 명 한 명의 강점과 약점은 물론, 보다 많은 정보를 파악해서 그들이 재능을 최대한 발휘하고 있는지 판단하고 지도하는 것도 내 일이었다. 그뿐 아니라 그들에게 최고 수준의 기량을 이끌어내기 위해 동기부여 방법을 알고, 필요한 점이 무엇인지 파악해 그들이 최선을 다 할 수 있도록 이끄는 것도 포함된다.

또 하나 잊지 말아야 하는 것이 있다. 당신이 팀원에 대해 잘 알고 있다는 사실을 보여줄 때 그들은 당신이 자신들을 아끼고 있다고 느끼고, 더 나아가 자신들의 성공과 팀의 성공에 대해 당신이 깊은 관심을 갖고 있음을 알게 된다. 당신이 더 많은 관심을 보여줄수록 그들 역시 기대에 부응하기 위해 더욱 최선의 노력을 다하고, 그들 스스로 다른 사람에게 또 다른 모범이 되도록 유능한 리더 역할을 하게 된다.

이 책은 강력하고 통찰력 있는 리더십을 제시하고 있다. 찰스 쿤라트(Charles A. Coonradt)가 말하는 모든 리더가 알아야 할 본질적인 교훈은 특히 참고할 만하다. 뛰어난 리더라면 자신의 팀을 그럭저럭 버티는 수준에서 벗어나 특별한 성취를 이루어내는 팀으로 변화시킬 저력을 갖고 있어야 한다. 이 책은 이를 실현할 수 있는 정확한 방법을 제시하고 있다. 물론 이것을 실천에 옮기는 일은 쉽지 않다. 많은 시간과 노력을 기울여야 하는 고된 일이다. 그러나 절대로 실현 불가능한 일이 아니다. 찰스 쿤라트가 제시하는 원리를 이해하고 적용하는 데 당신의 시간과 노력을 투자하려는 의지만 갖고 있다면 누구나 이룰 수 있는 꿈이다.

또한 이 책에서는 세계적인 유능한 리더, 그 이상의 리더의 성공 비결도 제시하고 있다. 그 성공 비결이란, 성공을 원한다면 먼저 성공할 수 있는 환경을 창조해야 한다는 것이다. 나 역시 내셔널 챔피언 코치로서 매일매일 이를 위해 노력해왔다. 이 책을 읽는 독자 여러분도 이런 노력을 아끼지 않는다면 당신의 팀을 위대한 경지로 이끌어갈 수 있을 것이라고 나는 확신한다.

어번 마이어(Urban Meyer)

플로리다 대학교 미식축구팀 수석 코치

진정한 리더로 가는 길 위에서

때때로 우리는 스포츠 영화 한 편에 크게 감동받는다. 왜 그 렇까? 영화 〈미라클(Miracle)〉의 경우를 보자. 이 영화는 1980년 미국 국가대표 하키팀이 올림픽에서 극적으로 금메달을 획득하 는 과정을 그리고 있다. 〈리멤버 타이탄(Remember the Titans)〉 은 1971년을 시대 배경으로 흑인과 백인 학생이 뒤섞여 있는 어 느 고등학교에서 인종 갈등을 겪던 사람들이 이 학교의 미식축 구팀을 통해 지역사회에 존재하는 편견을 극복하고 결국 시즌 불패의 신화를 만들어나가는 과정을 다루고 있다. 〈위 아 마샬 (We Are Marshall)〉은 1970년 비행기 추락사고로 선수와 코칭스 태프 75명 전원이 사망한 마샬 대학교 미식축구팀을 재건하려 는 젊은 코치 이야기를 담고 있다.

이렇게 역경을 극복하고 힘겨운 싸움에서 승리를 획득하는 이야기에 감동받지 않을 사람은 거의 없을 것이다. 더욱이 이 영화들이 실제 사건과 인물에 근거한 이야기라는 사실을 안다 면 더 감동적으로 다가올 것이다. 심지어 〈아키라 앤 더 비 (Akeelah and the Bee)〉처럼 주인공 아키라(Akeelah), 그녀의 담 임이나 교장선생님처럼 등장인물이 영화적 상상력으로 탄생한 허구의 인물인 경우에도 어린 소녀 아키라가 역경을 딛고 전국 철자맞추기대회에 나가 당당히 승리를 따내는 모습은 우리 모두를 열광시킨다. 내가 가장 좋아하는 영화로 꼽는 〈마이티 덕(The Mighty Ducks)〉 역시 별볼일 없는 10대 하키선수들이 고전을 거듭하다가 한 코치에게 지도를 받으면서 챔피언으로 변화하는 과정을 담은 이야기다.

우리는 평범한 사람들이 평범함 이상의 값진 성과를 이루어내는 모습에 감동한다. 사람들의 마음에 변화를 불러오고, 새로운 차원의 이해에 도달하는 모습을 보고 싶어 한다. 특히 한 리더에 의해 다른 사람들이 힘을 얻고 변화해 위대한 차원으로 도약하는 모습에 감동을 받는다. 등장인물이 실존인물이든 허구든 상관없이 그 바탕에 깔려있는 진실은 똑같다. 평범한 사람도 비범하게 바뀔 수 있다. 사람은 누구나 어떤 기회나 계기만 있으면 자신의 생각과 마음을 변화시킬 수 있다. 위대한 리더는 우리를 매일매일 달라지게 만들고 놀라운 경지로 인도한다.

비즈니스 현장에서도 이런 사례가 자주 목격된다. 매니지먼트 컨설턴트로 일하면서 나는 그동안 여러 가지 리더십 원리를 가르쳐왔다. 어떤 사람들은 기대 이상으로 이 원리를 자신의 상황에 맞게 잘 적용하는데, 이런 모습을 볼 때마다 얼마나 기쁜지 모른다. 또한 잊혀진 것처럼 뒷전에 물러앉아 있던 팀과 그들의 팀장 즉, 코치가 변화를 일으키며 결국 승리를 거두는 모습을 보는 일은 언제나 즐겁기만 하다.

최강 팀은 어떻게 만들어지는가

던 프리차드(Don Pritchard)가 이끄는 팀 역시 이런 변화를 이룬 팀 중 하나였다. 던은 한 제조업체에서 재고관리, 선적 및 인수 업무를 담당했다. 던이 소속된 부서의 주요 업무는 창고 재고관리와 다른 부서가 요청하는 물자를 조달하는 일이었다. 던은 제조업 분야에서 일한 경력만 20년이 넘지만 창고관리를 맡은 것은 처음이었다. 설상가상으로 던의 소속 부서는 사내에서 지독하게 안 좋은 평가를 받고 있어 고충이 이만저만이 아니었다. 이 부서의 업무처리 정확도는 단지 90퍼센트 수준에 머물러 있었다. 예를 들면 다른 부서에서 필요한 물품을 찾아 창고에 오면 10개 아이템 중 1개꼴로 진열대에 준비가 안 된 상태였다.

매장으로 바꿔 말하면 10개 중 1개꼴로 물건이 없어서 손님을 놓치고 마는 것이다. 상황이 이렇다 보니 부서 내의 직원뿐 아니라 창고형 매장에 의존하는 외부 고객에게도 커다란 문제가 아닐 수 없었다. 이 부서 때문에 회사 전체가 맹렬하게 비난 당했고, 정당하든 그렇지 않든 갖가지 문제의 원인으로 지적되기에 이르렀다. 부서 내의 사기는 땅바닥에 떨어졌다. 던은 이 부서의 팀장을 맡을 당시의 상황을 이렇게 말한다.

"한 마디로 말해서 우리는 부서 전체적으로 자긍심이 결여되어 있었어요."

회사는 던에게 이 팀을 개선시키는 역할을 맡겼다. 관리자들은 이와 비슷한 상황에 직면하면 가장 먼저 집안 청소를 선택한다. 오랫동안 문제점으로 지적된 불량 직원을 해고 조치하고, 새로운 사람을 뽑아 원하는 방식으로 교육해 분위기를 바꾸는 식이다. 그러나 던은 다른 방법을 택했다. 해고와 재충원으로 이어지는 청소가 아니라 리모델링을 시작했다.

던이 처음 한 일은 소속 팀원에 대해 개인적으로 좀 더 자세히 알아보며 정보를 확보하는 것이었다. 그는 각자의 강점과 약점에 대해 눈여겨보고, 그들이 털어놓는 고충에 귀를 기울였다. 팀원과 개별 인터뷰를 진행하고, 직접 현장에서 함께 일을 했다. 던의 고백에 따르면 이 과정은 많은 시간이 소요되었지만, 이 시간을 통해 업무적으로 많은 것을 배웠을 뿐 아니라 부서와 팀원, 그리고 부서 내의 문제점이 무엇인지를 정확하게 파악할 수 있었다. 또한 그는 업무 시스템이 제 기능을 발휘하지 못하는 여러 가지 원인도 터득했다. 한 가지 주문을 처리하는데 왜 10분씩 걸리고, 누군가 찾을 때마다 필요한 물건이 10개에 1개 꼴로 선반에 비치되지 않았던 이유를 이해하기 시작했다.

그보다 더 중요한 것은 직원들과 의사소통을 하면서 부서 상황을 직접 파악해 팀원 스스로 문제를 풀어나가도록 도울 수 있었다는 점이다. 던은 문제가 발생하면 먼저 팀원들에게 이렇게 물었다.

"그거, 꽤 흥미로운 문제 상황이구만. 당신이라면 이 문제를 어떻게 풀겠소?"

이 과정에서 그는 직원 한 명 한 명의 강점과 약점을 파악하고, 이들을 효과적으로 활용하는 방법을 찾았다. 던은 이 과정에서 배운 교훈에 대해 이렇게 말한다.

"일터에 나와서 제대로 일을 해내고 싶지 않은 사람이 어디 있겠어요? 그들이 잘할 수 있는 강점을 활용해야 합니다. 실패할 가능성이 높은 일을 맡기면 좋은 성과를 기대하기 어렵죠."

얼마 뒤, 던의 부서는 새로운 팀 운영 시스템을 개발해냈다. 그들은 창고를 재편성해 프로세스를 개선시키고 비효율적인 부분을 제거했다. 그 결과 업무 정확도는 90퍼센트에서 99퍼센트 이상으로 향상되었다. 또한 창고를 재편함으로써 공간 낭비를 35퍼센트나 줄이고, 똑같은 인원으로 이전보다 10~15퍼센트 더 많은 일을 수행할 수 있었다.

던은 애써 뛰어난 직원을 찾으려고 하지 않았다. 대신 현재 있는 주어진 사람들을 지도해 능력을 향상시키는 데 집중했고, 결과적으로 던의 부서는 엄청난 변화를 일으켰다. 팀원들은 그들이 보여준 뛰어난 발전에 대해 회사로부터 인정과 칭찬을 받았다. 이를 통해 팀원들의 사기가 얼마나 진작되었을지 충분히 상상할 수 있을 것이다.

던이 이끈 부서의 사례는 유능한 리더가 어떤 힘을 발휘하는

지를 보여준다. 단순히 부서의 업무 성취도를 높이는 차원이 아니라, 직원들이 일을 더 잘하고 자신의 성취에 대해 자랑스럽게 여기도록 만드는 것이 보다 중요하다. 왜냐하면 우리는 누구나 자신의 성취를 자랑스러운 수준까지 끌어올리기를 원하기 때문이다. 던이 말했듯이 어느 누구도 일터에서 패배자가 되고 싶은 마음은 없을 것이다. 우리는 해내고 승리하기를 원한다.

승리의 규칙을 몸에 익혀라

유능한 리더가 발휘하는 힘에 대해 조금 더 알아보자. 나는 '더 게임 오브 워크(The Game of Work)' 라는 프로그램을 이끈 적이 있다. 이 프로그램은 스포츠와 레크리에이션의 원리를 일터에 적용한다면 회사 내에 동기부여, 건강한 긴장감, 심지어 '재미' 라는 요소까지 만들어낼 수 있다는 내용이다. 이를 통해 직원들이 보다 즐겁게 일하면, 생산성이 향상될 뿐 아니라 업무 만족도가 높아져 비즈니스를 보다 성공적으로 이끌 수 있다.

지난 수년간 비즈니스 현장을 살펴보면서 나는 신기한 점을 한 가지 발견했다. 사람들은 월급을 받으며 일할 때보다 자기

돈을 써가며 무엇인가를 하려고 애쓸 때 더 놀라운 열정을 발휘
한다는 점이다. 이상하게 들릴 수도 있지만, 이를테면 이런 경
우다.

　나는 로키 산맥에 자리 잡은 마을에 사는데, 우리 마을은 스키
타기 좋은 곳으로 유명해 겨울철이면 수많은 사람들이 무리를
지어 찾아온다. 그들은 매일 같이 수천 달러의 비용을 지불해
가며 몇 시간씩 얼어붙은 몸을 이끌고 숨이 찰 때까지 산 밑으
로 활강한다. 어떤 사람들은 수백 수천 달러어치의 장비를 등에
지고 일주일 동안 매일 24킬로미터씩 걷는 강행군을 펼치기도
한다. 매일 밤 맨땅 위에서 자고, 냉동건조식품을 불에 녹여 먹
으면서, 온갖 벌레, 쥐, 파충류 등과 전쟁을 치르고, 따가운 햇볕
에 피부가 까맣게 그을리는 것도 마다하지 않는다. 이뿐인가?
비행기에서 뛰어내리려고 돈을 지불하는 사람이 있는가 하면,
관광용 목장에서 소를 몰거나, 등산과 유럽 배낭여행 등을 위해
기꺼이 돈을 쓴다. 한마디로 말하자면 엄청 고생스러운 일을 열
심히 하기 위해 값비싼 비용을 기꺼이 지불하는 모습을 쉽게 볼
수 있다.

그런가 하면 오후 휴식시간을 얻지 못하자 곧바로 노조에 전화하는 사람, 단 1분도 일찍 출근하거나 늦게 퇴근하려고 하지 않는 사람도 여러 명 보았다. 업무와 전혀 상관없는 이메일을 쓰느라 몇 시간씩 허비하는 사람, 책상 정리를 하며 근무시간 몇 시간을 허비하고는 집에 갈 시간만 목 빠지게 기다리는 사람도 있다. 심지어 내가 본 어떤 안내직원은 이리저리 눈동자를 굴려대며 핸드폰으로 사적인 통화를 하느라고 회사 대표전화가 울려도 마치 업무방해라는 듯 신경 쓰지 않는 무성의한 태도를 보이기도 했다.

사람들은 뭔가 흥미로운 일에는 자기 돈을 들여가며 투지를 쏟을지언정 돈 받고 하는 일에 최선을 다하지 않는 경우가 많다는 것이다. 그렇다고 근로자들이 모두 하나같이 게으르다는 뜻은 물론 아니다. 근면한 자세로 하루하루 업무를 성실히 해내는 사람도 많다. 여기서 내가 강조하고 싶은 말은 사람에게는 동기부여를 하는 어떤 원리가 있다는 뜻이다. 이 원리를 재창조해서 비지니스 현장에 성공적으로 적용할 수만 있다면 사뭇 다른 결과가 창출될 것이다.

다시 한 번 말하지만 우리는 누구나 일을 제대로 해내고 싶어하는 욕구가 있다. 하지만 수백만 명의 근로자가 '제대로 해내는 방법'에 대해 전혀 모르는 상태로 매일 습관적으로 출근하고 업무를 되풀이한다. 목표의식도 없고, 목표를 달성하기 위해 일을 올바로 진행시키고 있는지 아닌지도 알지 못하는 상태로 말이다. 이들은 승리에 필요한 규칙을 모르고 있기 때문에 결과적으로 회사가 요구하는 최상의 생산성을 안겨주지 못한다. 자신이 제대로 성취해낼 수 있다는 믿음을 갖지 못하는 한 성취에 필요한 노력 또한 결코 기울일 수 없다.

나는 이런 안타까운 경우를 지켜보면서 근로자를 비난하기보다 그들을 이끄는 팀장이나 리더에게 책임을 묻고 싶다. 물론 아무리 이상적인 환경이 조성되어도 태만한 자세로 열심히 일하지 않는 사람들도 있다. 그렇지만 여기서는 이런 소모적인 사람들은 제외해두자. 반면 성실하고 열심히 일하는 사람들도 많다. 이들은 매순간 최선의 노력을 기울이고, 방법만 제대로 안다면 그 이상을 헌신하고자 노력한다. 이들에게 방법을 알려주고 이끄는 것이 코치이며, 리더의 역할이다. 어떤 리더가 이끄느냐에 따라 이런 팀의 성공 결과는 엄청난 차이를 보인다. 하지만 성공할 수 있는 환경을 창조하지 못한다면 이 팀도 유능함을 뛰어넘는 위대한 팀이 될 수는 없다. 또 위대한 팀 없이 위대한 회사로 성공하는 일은 불가능하다. 잘해야 현상유지를 하거나 최악의 경우에는 회사가 문을 닫게 될 것이다.

그래서 나는 지금부터 이런 뛰어난 리더십을 발휘하는 리더(이 책에서는 최강 팀장 혹은 '유능한 리더, 그 이상의 리더'라고 부르겠다)에 초점을 맞추어 이야기를 풀어볼 생각이다. 이 책과 함께 읽을 수 있는 『2등 사원은 항상 일만 한다(The Game of Work)』에서는 레크리에이션에서 이뤄지는 동기부여 원리를 일터에 성공적으로 접목시키는 방법에 대해 자세히 설명해놓았으니 참고하면 더욱 좋을 것이다.

또 회사의 성공과 실패 중심에는 사람이 있기 때문에 위대한 리더란 어떤 사람인지에 대해, 또한 자신에게 맡겨진 사람들을 유능한 인재로 변화시키는 방법에 대해 특별히 중점적으로 설명했다.

유능한 리더, 그 이상의 리더는 팀원들에게 자신도 미처 몰랐던 잠재되어 있는 위대함을 발휘하도록 동기부여 해주고 사기를 높이며 힘을 주는 안내자다. 이것이 어떻게 가능한지를 앞으로 독자 여러분에게 자세히 설명할 예정이다.

그동안 나는 직업상 수천 명의 리더들을 관찰할 기회가 있었고, 때로 함께 일하며 그들을 지도하기도 했다. 내가 만난 유능함을 뛰어넘어 위대한 수준의 리더들은 몇 가지 공통적인 특성을 보여줬다. 이런 특성도 하나 하나 소개할 것이다. 이 특성을 참고해 앞에서 언급된 던 프리차드와 같은 유능한 리더들이 앞으로도 더 많이 나오기를 고대해본다.

여기서 미리 한 가지 말해두어야 할 게 있다. 나는 모든 일에는 기본이 있다고 믿는다. 그래서 독자 여러분이 이 책을 읽으면서 여기서 소개된 이론이나 원리에 대해 동의하며 "맞아, 당연한 소리지!"라고 말한다면 좋겠다. 사실 독자 여러분도 이미 다 알고 있는 내용이니까 말이다. 여기에 언급된 원리는 일터나 가정, 아니면 놀이 등 다양한 상황에서 널리 통용되는 기본적인 것들이다. 당신이 리더로서 역할을 하게 되는 그 어떤 상황에서든 최상의 결과를 가져다줄 수 있는 기본 중에서도 기본적인 원리다.

| 차 례 |

1

차이가 성공을 만든다

THE BETTER PEOPLE LEADER

"인생은 게임이 아니라고 말하는 사람도 있다. 그러나 내 생각은 다르다. 나는 인생이야말로 최고의 게임이라고 생각한다. 이 게임을 사소한 것으로 여기거나 너무 안이하게 보고 게임의 규칙을 무시한다면, 자칫 위험에 빠질 수 있다. 인생이라는 게임은 공정한 플레이를 하지 않는다면 아무런 의미도 없다. 이기는 그 자체보다 영광스럽고 멋지게 이기는 것이 이 게임의 목적이다."

– 어니스트 섀클턴(Ernest Shackleton)[1]

20세기 초는 극지방 탐험이 왕성하게 이루어진 영웅의 시대였다. 매일매일 영국, 스코틀랜드, 스웨덴, 일본 등 수많은 나라에서 찾아온 탐험가들이 지구의 남방과 북방 한계선 정복에 도전했다. 그 결과 무엇으로도 설명할 수 없는 장엄하고 드라마틱한 모험의 시대가 활짝 펼쳐졌다. 1909년 미국이 북극을 정복한 데 이어[2], 1911년에는 노르웨이가 남극 정복에 성공한다.[3]

어니스트 새클턴 경은 남극을 정복하는 첫 번째 탐험가가 되길 꿈꾸며 두 차례나 도전했지만 모두 실패하고 말았다. 노르웨이인에게 선두 자리를 빼앗긴 그는 통산 세 번째 탐험으로 남극 대륙 횡단 도전에 착수한다. 그는 자신의 탐험안내서에 이런 기록을 남겼다.

"이번 탐험은 최후의 위대한 극지 탐험이 될 것이다. 남방 한계선을 정복하는 것보다도 더 위대한 탐험임이 틀림없다.[4]

두 번이나 실패를 거듭했지만 새클턴의 남극 탐험 도전은 그를 영국의 국민적 영웅으로 만들어주었다. 왕립남극횡단탐험대에 참여할 대원을 뽑는 모집공고에 무려 5천 명에 달하는 예비 탐험가들이 응시했다는 기록만 보더라도 이를 충분히 짐작할 수 있다. 새클턴은 대원을 선별하면서 단순히 수행인원을 모집하는 일보다 탐험에 필요한 몇 가지 사항을 더 중요하게 여겼다. 일부에선 일반적인 면접 관행에 어긋나는 파격이라고 여겼을지도 모른다. 그는 기상전문가이자 밴조우 연주자인 레너드 허시(Leonard Hussey)를 뽑았는데, 후일 고백하기를 "그가 재미있는 사람 같아서 선택했다.”고 한다. 그 이유에 대해 ‘충성심은 표정이 어두운 사람보다는 쾌활한 사람에게서 쉽게 찾아지는 법’ 이라고 밝히고 있다.[5]

탐험 대원으로 뽑힌 물리학자 레지널드 제임스(Reginald W. James) 역시 면접을 회고하면서 과학 지식보다는 치아 상태나 목소리에 대한 질문을 많이 받았다고 말한다.

“섀클턴은 내 치아 상태가 양호한지 물었다. 또 정맥류로 고생한 적은 없는지, 혈액순환장애는 없는지에 대해서도 질문했다. 성격은 좋은지, 노래를 잘하는지도 궁금해 했다. 이런 낯선 질문에 내가 좀 주춤하는 듯하자 ‘아, 뭐 카루소처럼 부를 수 있는지 묻는 게 아닙니다. 그저 동료들과 함께 가끔 목청껏 부를 정도면 되죠.’ 라고 덧붙였다.”[6]

아티스트인 조지 마스톤(George Marston)은 섀클턴의 초창기 남극 탐험부터 함께 참가한 사람이다. 그는 갑작스러운 인터뷰 통지를 받고 달려온 세 명의 지원자 중 한 명이었는데, 쏟아지는 빗속에 콘월(Cornwall)에서 런던까지 한걸음에 달려와 인터뷰를 받았다.

“나는 그를 보자마자 고용했죠. 어떤 자리에 지원하면서 그렇게 빨리 서둘러 움직일 수 있는 사람이라면 그가 바로 적임자이니까요. 그리고 그건 정확히 들어맞았죠.”[7]

새클턴이 남긴 말을 통해서 그가 남극 횡단 탐험 팀에 다시 조지를 참여시킨 이유를 짐작할 수 있다.

새클턴은 톰 크린(Tom Creen)과 프랭크 와일드(Frank Wild)도 팀에 합류시킨다. 이들은 이미 그와 함께 일한 적이 있는 탁월한 남극 탐험 경험자들이었다. 그는 이들이 탐험 팀에 큰 힘을 실어줄 것이라는 사실을 알고 있었다. 크린은 명석한 두뇌와 강직한 성품의 소유자로 앞선 탐험에서 동료들을 구하기 위해 영웅적으로 몸을 내던진 전력이 있었다. 와일드 역시 뛰어난 지도력으로 중대한 위기에서 새클턴에게 큰 힘이 되어준 사람이었다.[8]

1914년 8월 8일, 새클턴이 이끄는 남극 횡단 탐험 팀을 실은 인듀어런스(Endurance) 호가 마침내 남극을 향해 돛을 올렸다. 새클턴은 탐험 팀이 출발하는 마지막 순간까지도 대원들 일로 고심을 거듭했다. 영국에서 출발한 인듀어런스 호에 승선했던 대원 중 네 사람이 아르헨티나의 부에노스아이레스에서 하선했고, 거기서 다시 젊은 밀항자 출신의 한 사람을 대원으로 뽑았다.[9]

새클턴은 왕립남극횡단탐험대에 참가할 대원 한 사람 한 사람을 승선 전에 직접 선별했다. 그는 항해 기술이나 기상 지식만큼이나 그들의 노래 실력과 유머감각을 중요한 선택기준으로 보았다. 기술과 경험 못지않게 성격과 태도에 관심을 둔 것이다. 역사가 말해주듯 성공과 실패의 차이를 가르는 것은 바로 이런 사람들이다. 비록 남극 대륙 횡단이라는 본래의 목적이 바다에서 살아남는 일로 바뀌었다고 해도 말이다.

새클턴 탐험 팀의 원래 계획은 인듀어런스 호를 남극 대륙의 최남단 지점까지 도달시키는 것이었다. 그런 다음 배가 부에노스아이레스로 귀항하는 동안 거기서 겨울을 지낸 후 봄이 오면 지상 팀이 대륙을 횡단해 로스 해(Ross Sea)까지 와서 배에 승선하기로 계획을 세웠다.[10] 그러나 부에노스아이레스로 떠나기 전, 이변에 가까운 심각한 빙하상태에 대한 소식을 듣게 되었다. 사우스조지아 섬(South Georgia Island)에 위치한 포경 기지에서는 이 소식을 직접 확인해줬다. 어떤 사람은 그런 최악의 상황은 생전 처음이라는 말까지 했다. 탐험 일정을 날씨가 풀리는 다음 계절로 미뤄야 한다는 의견도 나왔다.[11]

하지만 새클턴은 이에 굴하지 않았다. 인듀어런스 호는 1914년 12월 5일 사우스조지아 섬을 출발했고, 불과 이틀 뒤 거대한 빙하 덩어리와 충돌했다. 한 달이 넘도록 배와 선원 모두 빙원 한복판에서 앞으로 나가기 위해 씨름해야 했다. 그런데 설상가상 상상도 못한 최악의 상황이 벌어지고 만다. 배가 전진해 나갈 길이 빙하로 완전히 막혀버렸다. 빙하는 마치 살아있는 생물처럼 물 위를 떠다니다 다시 거대한 덩어리로 모이기를 반복했고, 그 외중에 배는 빙하 속에 완전히 처박히고 말았다. 얼음 장벽에

간혀버린 것이다.[12]

새클턴은 빙하 속에 고립된 배를 겨울기지로 이용하겠다고 대원들에게 선포했다. 당시 배에는 28명의 사람과 수십 마리의 개와 고양이가 있었다.

인듀어런스 호에 함께 승선했던 두 사람의 외과의사 중 한 명이었던 알렉산더 매클린(Alexander Macklin)은 긴박했던 당시 상황을 이렇게 회고한다.

"이 당시 우리는 새클턴의 범상치 않은 일면을 볼 수 있었다. 그는 결코 화를 드러내지 않았고, 겉보기에는 전혀 실망한 기색을 찾을 수 없었다. 그는 침착하고 간단하게 우리가 배 위에서 겨울을 나야 한다는 사실을 알리고, 그에 따르는 위험과 예상되는 문제들을 말해주었다. 그는 결코 희망을 잃지 않은 상태에서 혹한의 겨울을 대비했다."[13]

새클턴과 대원들의 위대함은 여기서 끝나는 것이 아니라 탐험 팀이 이후에 겪게 되는 역경들 여기저기서 빛을 발휘한다. 유능한 손놀림의 목수부터 창의적인 잡탕 수프를 만드는 요리사와 예리한 안목의 사진가에 이르기까지 팀의 모든 사람은 각자 맡은 역할이 있었고, 최선을 다해 이 역할을 해냈다. 비축된 물품의 기록, 개 훈련, 마루 닦기, 얼음 녹이기, 펭귄 가죽 벗기기 등 대원 개개인마다 임무가 정해졌다. 슬라이드쇼와 노래 부

르기나 독서 모임, 심지어 축구와 개 썰매경주까지 다양한 프로그램이 만들어졌다.[14]

탐험 팀이 처한 상황은 불안하기 짝이 없었지만 사기만큼은 여전히 하늘을 찌를 듯 높았다. 선장 프랭크 워슬리(Frank Worsley)는 일기에 이렇게 적었다.

"우리는 영국을 떠나온 지 6개월에 접어들었고, 그 기간 동안 서로 똘똘 뭉쳐 지냈다. 여러 사람이 집단으로 생활했지만 거의 마찰이 일어나지 않았다. 함께 배에 올라탄 동지로서 이보다 더 잘 맞고 좋은 사람들은 다시 찾기 어려울 정도다."

스키와 전동썰매 전문가로 탐험대에 참가했던 토머스 오드리스(Thomas Orde-Lees)도 비슷한 회고를 남겼다.

"우리들은 마치 멋지고 행복한 한 가족 같았다. 내 생각에 우리를 이렇게 조화시킨 비결은 어니스트 섀클턴의 힘 같다."[15]

섀클턴의 남극횡단탐험대 대원들은 빙하에 갇힌 선체에서 10개월을 보냈다. 그리고 1915년 10월, 용서할 수 없는 빙하는 이들에게 마지막 일격을 가했다. 느리지만 잔인하게 배를 부숴버린 것이다. 10월 27일, 탐험 팀은 배를 포기하고 웨들 해(Weddell Sea) 한가운데 빙원 속에 떨어졌다.[16]

그들은 빙하 위에서 5개월 동안 생활했다. 그러던 중 갑자기 빙하가 녹으면서 갈라지기 시작했고, 결국 작은 구명선 세 척을 타고 육지를 향한 성급하고도 위험천만한 돌진을 감행한다. 그때까지의 여정 중 최악의 위기상황 속에서 탐험 팀은 일주일 후 코끼리 섬(Elephant Island)에 다다른다. 그러나 이곳 역시 얼음물만큼이나 그들에게 우호적인 곳이 아니었다. 섀클턴은 재빨리 이제 남은 유일한 생존 가능성은 다시 한 번 바다를 가로질러 사우스조지아 섬으로 향하는 것이라는 결단을 내린다. 탐험 팀이 머물러 있던 곳과는 약 800마일(1,280킬로미터) 거리였다. 일행 중 다섯 사람이 섀클턴과 함께 가고, 나머지는 그곳에 남기로 결정했다.[17]

워슬리 선장은 구명선 제임스 케어드(James Caird) 호에서 코끼리 섬을 떠나면서 보았던 장면을 이렇게 기억한다.

"해변에 서 있는 그들의 모습은 너무도 애처로워 보였다. 우리 모습이 보이지 않을 때까지 그들은 희망과 열정이 가득한 표정으로 우리를 배웅했다."[18]

섀클턴과 다섯 명의 대원을 태운 구명선은 17일 동안 바다 위를 표류했다. 이들은 매서운 추위와 배고픔, 그리고 심각한 뱃멀미를 견뎌야 했다. 그뿐 아니라 배를 습격한 허리케인과도 싸워야 했는데, 나중에 알고 보니 이 허리케인은 같은 장소에서 500톤급 증기선 한 척이 침몰할 정도로 위력이 엄청난 것이었다.

마침내 섀클턴과 다섯 명의 대원들은 사우스조지아 섬에 도착한다.[19] 유인 포경 기지 맞은편에 도달한 이들은 마지막 도전과 맞닥뜨린다. 자신들과 포경 기지 사이를 가로막고 있는 미지의 산을 통과해야 하는 난제가 남아있었던 것이다. 섀클턴과 크린, 워슬리는 육상으로 산을 넘어가기로 했고, 나머지 대원은 부서진 배와 함께 남겨졌다.

36시간 동안의 힘겨운 강행군이 쉼 없이 이어졌다. 그들이 포경 기지 스트롬네스(Stromness)에 도착했을 때는 몰골을 알아볼 수 없을 만큼 피폐한 상태였다. 섀클턴과 대원들은 기지 관리자에게 인도되었다. 기지를 책임지는 관리자와 섀클턴은 전부터 알고 지낸 친분 있는 사이였다. 그들을 안내한 늙은 노르웨이인 포경 선원은 당시의 상황을 이렇게 기억한다.

"매니저가 그들을 보고는 '당신 대체 누구요?'라고 물었다. 그러자 셋 중 중앙에 있던 수염투성이의 남자가 아주 조용한 목소리로 '내 이름은 섀클턴이오.'라고 하지 않는가! 난 고개를 돌린 채 울음을 삼킬 수 밖에 없었다."[20]

수많은 역경을 헤쳐나가는 동안 섀클턴은 대원들에 대해 정확한 안목을 갖고서 현명한 선택을 이어나간다. '재미있던' 기상전문가이자 밴조 연주자는 얼음에 갇혀 지낸 수 개월 동안 지루함과 공포를 견딜 수 있게 해주었다. 무뚝뚝한 목수는 난파된 인듀어런스 호의 잔해를 모아 구명선에 버팀목을 단단히 대어

얼음 바다와 망망대해에 견디도록 기적 같은 재주를 선보였다. 선장은 탁월한 항해사로서 가냘픈 햇살과 희미한 별빛, 물에 흠씬 젖은 지도만으로 800마일이라는 기나긴 뱃길을 헤쳐 목적지인 사우스조지아 섬까지 인도했다. 탐험대에서 서열 2위를 차지했던 대원은 구조를 기다리며 코끼리 섬에 남아 나머지 다른 대원들과 함께 최악의 상황을 이겨내며 모든 면에서 강한 리더로서의 면모를 보여주었다. 섀클턴은 충성심과 낙관적 태도를 몸으로 보여주었고, 대원들에게도 똑같은 의지를 요구했다. 그는 자신이 이끄는 탐험대의 생존을 위해 마지막 젖 먹던 힘까지 모조리 바쳤다.[21] 그리고 그들은 결국 남들과 다른 차이를 만들어내며 기적적으로 생존하는 데 성공했다.

1916년 8월 30일, 남극 대륙 횡단을 위해 출항한 지 2년이 훌쩍 지났을 때 작은 배 한 척이 코끼리 섬 해안에 나타났다. 섀클턴의 탐험대 대원들은 모두 구조되었다. 섀클턴이 아내에게 보낸 짧은 편지는 그 사이의 힘겨운 고통을 한마디로 요약해준다.

"난 해냈어! 단 한 사람의 생명도 잃지 않고, 우리는 지옥을 통과해 빠져 나온 거야."[22]

어니스트 섀클턴과 그의 팀은 어떤 시도든 성패의 관건은 바로 사람이라는 사실을 입증시킨 좋은 사례다. 다른 리더, 다른 그룹의 사람들이었다면 완전히 다른 결과가 나왔을 것이다. 실제로 다른 남극 탐험대의 탐험 결과는 전혀 딴판이었다.

섀클턴과 비슷한 시기에 활약했던 모험 시대의 또 다른 전설적 영웅 로버트 팔콘 스콧(Robert Falcon Scott) 선장도 선원들과 함께 1912년 남극 정복에 도전했다가 비슷한 고난과 맞닥뜨렸다. 그들이 남극에 도착해보니 이미 노르웨이 국기가 휘날리고 있었다. 크게 실망한 이들은 배가 정박된 지점으로 되돌아가는데, 귀환하는 동안 800마일의 도보 여행에서 하나둘씩 죽어갔다. 마지막 세 명은 이듬해 봄에 시체로 발견되었는데 스코트를 포함해 모두 텐트에서 얼어 죽어 있었다.[23]

스코트의 영웅적 노력을 폄하하려는 의도는 절대 없다. 그러나 비슷한 고난을 겪은 두 가지 사례는 흥미로운 대조가 아닐 수 없다. 유사한 힘든 환경 속에서 실패를 마주하고 실망한 두 그룹이 결과는 전혀 다르게 만들어나간 것이다. 섀클턴이 아르헨티나에서 보내온 빙하에 대한 경고를 무시한 채 탐험을 강행한 것을 두고, 그의 판단력이 부족했으며 시야가 좁았다는 논쟁이 벌어지기도 했다. 옳은 의견일 수도 있다. 그러나 탐험을 강행하기로 결정하고 진행시켰을 때 섀클턴이 거기에 딱 맞는 적임자들과 함께 있었다는 것만큼은 부인할 수 없는 사실이다.

섀클턴은 이전에 시도한 남극 탐험에서 얻은 경험과 지식을 동원해 새로운 도전에 적합한 인재를 찾아냈다. 그는 적임자가 갖추어야 할 것이 무엇인지 정확히 알고 있었다.

"자기가 맡은 일을 해낼 자질이 있어야 할 뿐 아니라 극지방을 탐험하는 데 필요한 특수한 자격조건을 갖추어야 한다. 즉, 오랜 기간 외부와 단절된 생활을 겪어야 하므로 동료들과 조화를 이룰 수 있는 사람이어야 한다. 또한 아무도 거쳐 간 사람이 없는 신천지에 끌리는 사람이라면 모름지기 남과 다른 특별한 개성을 지니고 있기 마련이다. 고백하자면 대원을 선별하는 일은 나로서도 결코 쉽지 않은 일이었다."[24]

넘을 수 없을 것 같아 보이는 장벽 앞에서 이들은 도전을 감당하기 위해 최고 수준의 성과를 향해 매진했다. 단 한 사람의 희생도 없었던 이유는 모두가 적임자였던 것만큼이나 이들을 하나로 결집시키는 강력한 리더가 있었기 때문에 가능했다.

어떤 사업이 성공하느냐, 실패하느냐는 이와 관련된 사람에 달려있다. 사업 분야나 기술, 자금, 전략이 어떻든지 마찬가지다.

리츠칼튼(Ritz-Carlton) 호텔에서 하룻밤을 묵기 위해 수백 달러 심지어 수천 달러를 내는 이유가 어디 있을까? 홀리데이인(Holiday Inn)에서도 기본적으로 비슷한 서비스 즉, 개인 룸과 욕실, 그리고 깨끗한 시트를 깐 침대에 케이블TV 서비스를 제공하는데 말이다. 아스펜(Aspen)에서 스키를 타며 즐기는 하루와 근처인 브레켄리지(Breckenridge)에서 보내는 하루는 무슨 차이가 있는 걸까? 둘 다 콜로라도(Colorado)의 로키 산맥에 위치해 있고, 기본적으로 비슷한 여가활동을 할 수 있는 곳인데 말이다. 왜 보스턴 셀틱스(Boston Celtics)가 1970년대가 아닌 1960년대에 미국 프로농구 챔피언십을 재패할 수 있었을까? 또 시카고 불스(Chicago Bulls)는 왜 2000년대가 아닌 1990년대를 주름잡았던 걸까? 노드스트롬(Nordstrom) 백화점에서 쇼핑하는 것과 갭(Gap)에서 쇼핑할 때 어떤 차이가 있을까?

모든 차이는 바로 사람에 있다. 그러나 잊지 말아야 할 점은 짐 콜린스(Jim Collins)가 그의 책 『좋은 기업을 넘어 위대한 기업으로(Good to Great)』에서 지적하듯이 '아무나가 아닌 딱 맞는 사람이 당신의 최대 자산'이라는 것이다.[25] 리더라면 어떤 프로젝트의 성패를 한 명의 직원에게 전적으로 의존해야 했던 경험이 있을 것이다. 힘든 상황을 극복하고 뛰어난 능력을 발휘할 만한 적임자를 찾은 덕에 그 프로젝트를 성공적으로 완수했는가? 아니면 담당자가 압박감을 이겨내지 못했거나, 실력이 부족했거나, 혹은 동기부여가 덜 된 탓에 프로젝트가 실패로 끝났는가?

당신이 지금 이끌고 있는 조직의 현재 모습과 기대치 사이의 간극은 바로 사람이 만드는 것이다. 누구나 한번쯤 GE사의 유서 깊은 슬로건을 들어보았을 것이다.

'진보는 우리의 가장 중요한 핵심 제품이다.'

나는 이 말을 이렇게 바꾸고 싶다.

'적임자 없이는 진보도 없다.'

기업의 성공전략 중심에는 바로 이렇게 적합한 인재를 채용하고 훈련하며 보유하는 일을 최우선으로 놓아야 한다. 어떤 전략이든 지면에 인쇄된 후 실행으로 이어질 수 없다면 그건 종이 낭비에 지나지 않는다. 그렇다면 이 실행을 담당하는 주체가 무엇일까? 바로 사람이다.

그런 이유로 인재를 맡고 있는 리더는 엄청난 책임을 안고 있는 셈이다. 당신은 다국적기업의 CEO일 수도 있고, 수하에 수백 명의 직원을 두고 있을 수도 있다. 혹은 인턴사원을 교육하는 책임을 맡았을 수도 있다. 어쨌든 당신은 리더로서 사람들의 능력을 끌어낼 수도, 그들의 품격을 높일 수도 있는 자리에 있다. 반대로 그들을 도덕적으로 망가뜨리거나 인생을 박살낼 수도 있다.

당신이 어떻게 그 힘을 발휘하고 있는지는 그들의 표정 속에 여실히 드러날 뿐 아니라 그들이 제출하는 모든 종류의 재무, 영업, 재고 및 기타 보고서에 그대로 반영된다. 당신의 직원들이 회사에 대해 어떤 생각을 갖고 있는지는 직원들의 모든 행동에 그대로 반영된다. 그리고 그들이 회사에 대해 느끼는 감정은 많은 부분 상사나 리더에 의해 결정된다.

그러므로 상사로서 당신은 팀원 각자의 잠재력을 풀어놓을 수 있어야 한다. 그들을 소모품으로 보는 것이 아니라 발전할 가능성이 있는 대상으로 간주하려는 믿음이 있어야 한다. 합리적이고 책임감 있게 대하면 그들 역시 자신에게 맡겨진 일에 성의 있게 응하리라는 믿음이 필요하다.

다음 장에서 우리는 이렇게 팀원의 능력을 끌어내고 그 품격을 높이는 코치, 상사, 팀장, 리더가 되기 위해 요구되는 자질이 무엇인지 알아볼 것이다. 아울러 비즈니스 현장에서 마술 같은 힘을 발휘한 리더십의 기본 원리 몇 가지를 소개할 계획이다. 어니스트 섀클턴은 훌륭한 리더십이 적임자들과 만났을 때 무엇을 해낼 수 있는지를 정확하게 보여줬다. 이런 일이 꼭 특수한 상황에서 일어나는 것은 아니다. 이런 사례는 매일 우리 주변에서 쉽게 찾아볼 수 있다. 당신도 이 드라마틱한 무대의 주인공이 될 수 있다.

섀클턴과 대원들이 보여주듯 한 기업의 성패는 거기서 일하는 사람에게 달려있다. 적임자를 채용하고 교육시켜 제자리를 지킬 수 있도록 하는 것이야말로 성공적인 비즈니스 전략의 핵심이다.

이런 인재들을 책임질 관리자라면 이 점을 잊지 말아야 한다.

- 팀원 개개인의 잠재력을 이끌어내는 일에 초점을 맞추어야 한다.
- 그들을 소모품이 아닌 발전 가능성 있는 대상으로서 신뢰해야 한다.
- 그들을 합리적이고 책임감 있는 자세로 대한다면, 그들 역시 맡은 역할에 최선의 노력을 다할 것이라는 믿음을 가져야 한다.

2

최강 팀장의 리더십은 어떻게 만들어지는가

THE BETTER PEOPLE LEADER

유능한 리더, 그 이상의 리더가 되는 첫 번째 단계는 바로 사람을 제대로 파악하는 것이다. 나는 일할 때 '코치'라는 말을 자주 쓰곤 하는데 이 단어가 내가 일하는 더 게임 오브 워크(The Game of Work)의 철학과 잘 맞을 뿐 아니라 '코칭(Coaching)'이야 말로 관리자급이나 경영진, 아니면 부모나 배우자 등 우리가 하는 일 혹은 해야 할 일을 가장 정확히 표현하는 말이라고 생각되기 때문이다.

그러나 최근에는 조금 다른 용어를 사용하기 시작했다. 나는 코치를 '유능한 리더, 그 이상의 리더'라고 부르고 있다. 많은 사람이 다른 사람을 지도하는 리더가 된다. 하지만 그 중 일부만 보다 뛰어난 성과를 올리는 리더들이다. 무엇이 이런 차이를 만드는 것일까? 평범한 리더와 보다 나은 리더를 구분 짓는 힘은 무엇인가? 그것은 다름 아닌 리더 안에 내재된 어떤 특성으로부터 시작되어 특별한 상황에서 뛰어난 리더십으로 발휘됨으로써 마무리된다.

지금부터 이런 특성에 대해 알아보자. 나는 지난 수년간 유능한 리더, 그 이상의 리더들을 만나면서 그들 사이에 공통적으로 발견되는 특성이 있다는 것을 알게 되었다. 나와 함께 이 특성이 무엇인지 알아보는 과정에서 자신을 돌아보고 자기성찰의 기회를 가져보기 바란다. 좀 더 나아가 변화를 향한 작은 꿈틀거림이 생긴다면 더 좋겠다. 이 특성에 비추어 정직하게 자기 자신을 평가해보라. 그것이 강점이든 약점이든 상관없다. 이 장의 끝에서는 자가 평가 질문을 통해 자신의 현재 위치를 가늠해보는 시간을 가질 것이며, 개선에 필요한 팁도 별도로 제시했다.

글로벌 비전을 갖고 있는가

유능한 리더, 그 이상의 리더는 항상 큰 그림을 본다. 그들은 상자 밖의 세상에 관심을 둔다. 또한 그들은 편협한 시각의 소유자가 아니다. 어떤 상투적 문구로 표현하든지 결론은 같다. 바로 유능한 리더, 그 이상의 리더는 자신의 세계에 대해 더 큰 시각을 갖고 있다는 뜻이다.

그는 자신이 어디를 향해 가고 있는지, 현재 어디쯤 와있는지, 주변에 뭐가 있는지를 알고 있다. 마치 설계도를 그리기 전 이미 머릿속에 자기가 지을 빌딩의 완성 모습을 알고 있는 건축가와 같다. 혹은 악보에 적기 전 교향곡 전곡을 이미 들을 수 있는 작곡가나 완성작을 이미 구상한 뒤 첫 붓질을 시작하는 화가에 비교할 수도 있다.

혹은 회사가 현재 어떤 위치에 와있는지, 다음 달과 내년, 향후 5년, 10년 뒤 어떻게 성장해야 하는지 알고 있는 CEO에 견주어볼 수도 있다. 그는 경쟁 회사가 누구인지 알고 있으며, 시장성이 있는 곳이 어딘지 정확히 내다본다. 아울러 이런 비전의 모든 방향성을 인식하고 있다. 그런 리더는 직원들의 현재 능력과 재능뿐 아니라 숨겨진 잠재력까지 이해하고 있다. 단지 오늘 하루나 내일의 문제에만 힘을 쏟는 게 아니라 길고 긴 앞날을 위해 대비한다.

글로벌 비전을 단계적으로 세분화하는가

유능한 리더, 그 이상의 리더의 또 다른 특징은 그가 글로벌 비전의 이상에만 사로잡혀 있지 않다는 것이다. 그의 발은 비전을 성취하기 위한 글로벌 비전을 갖고 있다.

글로벌 비전을 세분화한다.

자신보다 팀의 탁월성에 초점을 맞춘다.

팀원에 대해 잘 안다.

팀원을 아낀다.

자신이 하고 있는 일을 알고 있다.

팀원을 믿는다.

팀원에게 꼭 필요한 부분을 파악해 코치한다.

격려해야 할 때와 도전해야 할 때를 안다.

인내심과 집중력, 추진력을 발휘한다.

불확실성을 최소화한다.

일관성이 있다.

일련의 단계들을 결정하고 논의하기 위해 항상 바쁘게 움직인다.

가장 중요한 점은 유능한 리더, 그 이상의 리더는 글로벌 비전을 성취하기 위해 요구되는 최상의 다음 단계가 무엇인지 알고 있다는 것이다. 단계 구분은 월별, 선수별, 회계별, 행동별, 그 밖의 무엇으로 세분화시키든 마찬가지다. 그는 모든 세부사항을 자신의 비전과 연결시키는 능력을 갖고 있다. 쉽게 말해 매크로를 이해하는 마이크로를 가진 사람이라고 할 수 있다. 그는 보다 큰 목적을 달성하기 위한 최상의 다음 단계를 결정할 수 있는 사람이다.

예를 들어보자. 내가 아는 어느 인쇄회사는 이미 많은 고정 고객을 확보하고 있는 상태였다. 그러나 이 회사는 고객수과 매출을 더욱 늘리기를 원했다. 하지만 장비는 노후했고, 인쇄기술은 시대 변화에 뒤따라가지 못하고 있었다. 사장은 회사의 성장을 기대하지만, 인쇄기술이 변하고 동시에 경쟁사도 달라지고 있다는 사실을 인식하지 못했다. 회사가 문제를 인식하고 최상의 다음 단계 즉, 노후한 장비의 업그레이드를 시도하지 않는 한 뒤처진 기술력으로는 경쟁력 있는 서비스를 제공할 수 없었다. 마침내 회사는 변화에 필요한 결정을 내리고 실천에 옮겨 그 후 지역 최고의 인쇄회사로서 번창해 나갈 수 있었다.

자신보다 팀의 탁월성에 초점을 맞추는가

2006년도 미국 국가대표 농구팀의 공식 기념사진 촬영 현장에서 있었던 일이다. 보통 공식 기념사진은 수석 코치와 감독이 사진의 중심에 있도록 중앙에 서서 사진을 찍는다. 하지만 새로 임명된 수석 코치와 감독은 그렇게 하지 않았다.

"우리는 저쪽에 앉겠습니다. 그리고 코치 자리는 측면으로 합시다."

국가대표팀과 듀크 대학교 남자농구팀 코치였던 마이크 크르체브스키(Mike Krzyzewski)가 말했다.

"선수들이 가장 중요한 사람입니다. 우리는 그들의 지원군인 셈이죠. 목적을 달성하기 위한 유일한 길은 한 마음이 되는 거예요. 나나 혹은 그 밖의 어떤 한 사람의 힘만으로는 불가능합니다."[1]

유능한 리더, 그 이상의 리더는 자신의 개인적 승부욕 대신 팀의 승리에 전념한다. 그는 팀의 잠재력 개발에 힘을 쏟으며, 팀원들에게 승리에 대한 동기부여를 가속시킨다. 그리고 승리의 공적을 그들에게 돌린다.『좋은 기업을 넘어 위대한 기업으로』로 결실을 맺은 짐 콜린스의 리서치를 통해 볼 때 소위 슈퍼 스타급(이 책의 슈퍼 에고 편을 읽어보라) CEO는 '좋은' 기업보다는 '위대한' 기업으로 이끈 사람들이었다. 그런데 위대한 기업으로 이끈 CEO는 우리의 예상과 다른 특성을 갖고 있는 경우가 많았다. 즉 수수하고, 겸손하고, 자신을 잘 드러내지 않는 덕목을 지니고 있다. 또한 이들은 자신의 개인적 성공이 아니라 회

사의 성공을 위해 열정적으로 몰두하는 사람인 경우가 많았다.[2]

배가 빙하에 갇혀 탐험 자체가 불가능해졌을 때 섀클턴은 자신의 자아에 모든 것을 맡겨버릴 수도 있었다. 힘겨운 실패 앞에서 의기소침해진 상태로 비참하다는 감정에 빠질 수도 있었다. 그러나 그는 팀에 초점을 맞추고 대원과 함께 어떻게 겨울을 넘길 것인가 하는 문제 해결에 집중했다.

유능한 리더, 그 이상의 리더는 항상 팀원들의 성장과 성공에 중점을 둔다. 만약 그가 자신의 팀원들을 잘 훈련한 결과, 그들이 리더의 높은 자리를 빼앗아간다고 해도 리더에게는 좋은 일이 될 수 있다. 왜냐하면 그는 얼마든지 보다 높은 곳을 향해 나아갈 수 있는 사람이기 때문이다.

찰스 퍼시(Charles Percy)가 바로 좋은 예다. 그는 일리노이 주(州)의 전직 상원의원이자 사업가였다. 1949년, 그는 29세라는 어린 나이에 벨 앤드 하월 코퍼레이션(Bell & Howell Corporation)을 대표하는 CEO가 되었다.[3] 회장이 되자마자 어느 경제신문과 인터뷰를 했다. 여기서 대화 내용을 잠깐 살펴보자.

기자 | 그렇게 짧은 기간에 어떻게 이런 눈부신 도약을 할 수 있었나요?

퍼시 | 그 책을 읽었어요.

50

기자 | 무슨 말씀인지요?

퍼시 | 벨 앤드 하월에 입사했을 때 나는 표준시간 관리원칙이라는 것을 적용해 나갔죠. 바로 이런 거예요.

1. 아이템화 하기 : 나는 원하는 성과 목록을 작성하고, 이를 달성하기 위해 필요한 일이 무엇인지를 따져보았어요.
2. 카테고리 만들기 : 유사한 아이템은 통합시켰어요.
3. 우선순위 정하기 : 가장 중요한 일과 나중에 해도 될 일을 결정했어요.
4. 위임 및 제거하기 : 다른 사람에게 맡기는 게 더 나은 일과 아예 없애도 좋은 일을 정했죠.

기자 | 그게 무슨 특별한 점이 있나요?

퍼시 | 모든 것을 위임하거나 없애버렸으니 특별하다면 특별해 보일 수도 있죠.

기자 | 모든 것을요? 그럼 할 일이 없어지는데 걱정스럽지 않았나요?

퍼시 | 아뇨, 그리 오래 걱정할 겨를이 없었어요.

기자 | 무슨 일이 생겼는데요?

퍼시 | 재미있게도 부서 내에 다른 자리가 났어요. 인사과장

이 사람을 뽑으려고 업무 명세서를 준비시키는 중에 내 상사가 '다른 사람 뽑을 필요 없어요. 퍼시에게 그 일을 맡깁시다. 달리 할 일도 없는 사람이니.' 라고 말한 거예요.

기자 | 그래서 어떻게 하셨어요?

퍼시 | 전에 했던 대로 다시 했죠. 아이템화 하기, 카테고리 만들기, 우선순위 정하기, 그리고 위임하거나 일 없애기 말이에요.

기자 | 업무 중 어느 정도를 위임하거나 없앤 건가요?

퍼시 | 전부 다요.

기자 | 걱정스럽지 않았어요?

퍼시 | 별로요. 얼마 후 부서 내에 관리자급 자리가 공석으로 비었죠. 인사과장이 업무 명세서 준비를 하고 있을 때 내 상사가 다시 나섰어요. '퍼시에게 그 일을 맡기면 어떨까요? 요즘 별로 할 일도 없으니.' 라고요. 그 후 얼마 동안 관리자급 일을 했고, 5년쯤 지났을 때 이사회에서 새로운 CEO를 물색했어요. 그들이 뭐라고 했을지 맞춰 봐요. '그 자리 퍼시에게 주지? 그 사람 달리 할 일도 없잖아!' 라고 하더군요.[4]

찰스 퍼시의 리더십 아래 회사의 영업실적은 32배로 증가했으며 종업원 수는 12배 늘었고, 회사는 상장사가 되었다.[5]

팀원에 대해 잘 알고 있는가

팀원 개개인을 안다는 의미는 그들의 이름을 알고, 그가 맡은 프로젝트가 무엇인지 아는 정도가 아니라 그 이상을 뜻한다. 이름을 아는 것은 아주 중요한 시작이 될 수 있고, 담당 프로젝트까지 알고 있다면 더 좋은 일이다. 하지만 그게 전부일까? 당신은 결혼한 직원들의 아내나 남편 이름까지 알고 있는가? 아이가 있는지 없는지, 있다면 이름은 무엇인지, 그들이 쉬는 날이면 무엇을 하면서 지내는지 혹시 알고 있는가? 밥은 마라톤을 하고, 애니는 수상스키를 즐긴다는 사실을 알고 있는가? 우리 팀원들에게는 각자 특별한 재주와 취미가 있어서 다음번 회사 파티에서 실력 발휘를 할 수 있다는 사실을 알고 있는가? 혹시 당신이 꼭 알아두어야 할 그들의 집안사정은 없는 걸까?

한번은 한 워크숍에서 이 문제에 대해 토론했는데 참석자 중 한 사람이 자기가 아는 어떤 분대장 얘기를 꺼냈다. 그는 자기 분대 소속 병사들에 관한 정보를 빼곡히 기록해둔 수첩을 갖고 있었다. 결혼은 했는지, 아이는 있는지, 출신학교나 집안환경은 어떤지 등등을 적은 수첩이었다. 그가 이렇게 하는 이유는 간단했다. 바로 자기 병사들을 가장 안전하게 지킬 수 있는 비결은 병사들에 대해 세밀하게 알고 있어야 나올 수 있다고 믿었기 때문이다. 자기 병사들을 잘 알고 그들이 행복을 유지하도록 온 힘을 다한다면 그들 역시 그를 위해 뭐든지 하려고 할 것이 아닌가. 만약 그들이 집안 문제나 다른 어떤 일에 마음을 빼앗기고 있다는 걸 그가 알아채지 못한다면 분대장으로서 도울 길이 없게 된다. 그런 경우 개인이나 팀 차원에서 부정적인 결과를 낳게 된다.

팀원을
아끼는가 │ 팀원을 안다는 말은 그들에게 관심을 기울인다는 뜻이다. 한번쯤 이런 말을 들어봤을 것이다.

"당신이 얼마나 알고 있느냐보다는 당신이 나에 대해 얼마나 관심을 가졌느냐가 더 중요하다."

유능한 리더, 그 이상의 리더는 자기 팀원들을 향해 순수한 마음으로 배려할 수 있는 사람이며, 직원 역시 리더가 보여주는 이런 마음을 느낀다. 그는 직원들이 일적으로는 업무를 성공적으로 수행하는지 관심을 쏟을 뿐 아니라, 업무 외적으로도 그들이 행복할 수 있도록 배려한다. 아주 단순하게 고생한 직원에게 그의 기여도를 치하하면서 "열심히 일해줘서 고맙네." 같은 말 한마디가 될 수도 있다. 아니면 직원이 집안 문제로 위급한 상황을 겪고 있을 때 도움을 주는 경우처럼 드라마틱한 예도 있다.

나는 켄 폴릿(Ken Follest)이 쓴 『독수리 날개 위에(On Wings of Eagles)』에 나오는 이야기를 좋아한다. 이야기 속에 등장하는 로스 패롯(Ross Perot)은 일렉트로닉데이터시스템스(Electronic Data Systems Corporation)의 설립자이자 회장이었다. 이 책에서 로스 패롯은 그가 펼친 극적인 구조작전의 생생한 이야기를 자세히 전하고 있다. 중동지역에서 인질극 사태가 한창이던 때 그는 이란 감옥에 갇혀 있는 두 명의 직원과 수십 명의 미국인을 구출해내는 데 성공했다. 그는 미군도 하지 못한 구출작전에 직접 나섰고, 이 용감무쌍한 일은 그가 직원에게 얼마나 애정을 지니고 있는지 단적으로 보여주었다. 당시의 상황을 담은 이야기 속에 소개된 한 가지 일화만 보아도 그가 얼마나 업무 내외적으로 직원을 아끼는 리더였는지를 알 수 있다.

로스 패롯이 시도한 구출작전에서 핵심 역할을 담당한 사람은 제이 코번(Jay Coburn)이었다. 그 역시 로스 패롯에게 크나큰 도움을 받았었다. 코번의 아들이 태어났을 때 일이다. 태어난 아기는 건강해 보였지만 며칠 후 의사는 아기가 심장 기형이라고 진단을 내린다. 코번과 아내는 제정신이 아니었다. 충격과 절망에 빠져 있던 코번에게 상사가 전화를 걸어왔다. 상사는 잠시 그를 기다리게 했고, 곧이어 로스 패롯이 수화기를 건네받았다. 코번은 본사가 아닌 다른 주에서 근무하는 말단 직원이었다. 그는 설립자이자 회장이 자신에게 직접 전화를 걸어 통화하고 있다는 사실에 충격을 받았다. 패롯은 간단하게 이야기를 나눈 후 뛰어난 심장전문의를 소개했고, 아이는 최고 수준의 의료진을 갖춘 큰 병원으로 옮겨져 수술 끝에 생명을 구할 수 있었다. 코번이 이 경험을 통해 자기 회사의 회장은 직원을 위해 기꺼이 뭔가를 해줄 수 있는 사람이라는 지워지지 않는 강한 인상을 받은 건 당연한 일이다.[6]

코번의 사례처럼 드라마틱하게 보여주든, 힘든 하루를 위로하는 한마디의 칭찬이든 유능한 리더, 그 이상의 리더라면 자신이 직원들을 아끼고 있다는 것을 말뿐 아니라 행동으로 보여줘야 한다.

자신이 하고 있는 일을 알고 있는가

리더가 자신을 아끼고 있음을 확인한 후 이제 직원들의 관심은 그렇다면 리더가 과연 얼마나 전문적 지식을 갖고 있는가에 쏠리게 된다. 일반적으로 상사가 무능하다고 생각하면 직원들의 인내심은 약해진다. 여기서 잠깐 『딜버트(Dilbert)』를 불러내 볼까 한다. 당신도 혹시 이 만화를 읽고 이런 생각을 해본 적이 있는가?

"흠, 스콧 애덤스(Scott Adams)가 혹시 우리 회사 직원 중 몇 사람을 실제로 알고 있는 거 아니야?"

딜버트가 인기있는 이유는 바로 직장인들이라면 누구나 공감할 만한 내용이 많기 때문이다. 특히 뽀족 머리 상사와 그 밑에서 일하는 직원들이 겪는 당황스런 상황은 아주 흥미롭다. 뽀족 머리 상사는 도대체 제대로 아는 게 하나도 없다. 자기가 하는 일에 대해서도 무지하기 이를 데 없다. 만약 이 상사가 지적이며 아는 게 많고 일을 제대로 이해하는 사람으로 그려졌다면 만화는 전혀 재미가 없었을 것이다.

내가 가장 좋아하는 유능한 리더, 그 이상의 리더 중 한 사람은 밥 휘튼(Bob Wheaton)이다. 그는 유타 주(州)에 위치한 사슴계곡 스키리조트(Deer Valley Ski Resort)의 회장이자 총지배인이다. 해마다 겨울이면 우리 회사 더 게임 오브 워크는 이 스키리조트에서 코치들의 겨울휴가를 개최한다.

우리가 방문할 때마다 밥은 우리에게 스키장 여기저기를 구경시켜주곤 한다. 나는 수십 차례나 그와 동행했는데 그때마다 그가 자기 리조트에 대해 어쩌면 그렇게 소상히 알고 있는지 놀라움을 금할 수가 없다. 그는 먼저 눈 만드는 과정을 보여주는 데 그 많은 기계에 대해 모르는 게 없다. 만들어지는 눈의 양부터 압력은 어느 정도인지, 그리고 기계의 사용 빈도에 이르기까지 모든 세부사항을 속속들이 알고 있다. 다음으로 스키학교에 들르는데 그는 자기가 고용한 강사의 숫자부터 그들의 출신국가와 해마다 자신의 리조트를 거쳐 가는 학생 수에 이르기까지 전부 알고 있다. 그런 다음 사무실로 가서도 역시 아주 상세한 설명이 이어진다.

밥은 자기가 하고 있는 일에 대해 제대로 알고 있는 것이다. 그 결과, 그는 자신의 이런 지식을 존경하고 리더로서 인정해주는 심복 직원을 갖게 된 것이다. 북미 리조트를 통틀어 그의 스키리조트는 직장을 떠난 직원이 다시 찾아오는 비율이 가장 높을 뿐 아니라, 기존의 직원들 역시 새로운 직원 모집공고가 있을 때마다 주변 사람들에게 회사를 적극적으로 홍보하는 비율이 가장 높은 것으로 나타났다. 사슴계곡 스키리조트는 북미지역의 리조트를 뽑는 순위에서 상위 3개 리조트 중 하나로 계속해서 랭크되었고, 2005년도에는 스키 전문잡지 독자가 선정한 고객만족도 1위에 올랐으며, 북미 전체 리조트 중 최고로 평가받았다.

 유능한 리더, 그 이상의 리더는 팀
원 자신보다도 더 큰 확신으로 팀원들의 능력을 신뢰한다. 빌 메
카트니(Bill McCartney)는 콜로라도 대학교 미식축구팀의 전 코
치이자 프로미스 키퍼스(Promise Keepers)의 설립자다. 그는
코칭에 대해 이렇게 간단히 말했다.

"코칭이란 선수들 자신도 미처 도달하리라고 기대하지 못했
던 지점에 그들을 올려놓는 일입니다."[7]

유능한 리더, 그 이상의 리더는 각 개인과 팀이 미처 깨닫지
못하는 잠재력까지 볼 수 있어야 한다. 어떤 토지개발업자의 눈
앞에 다듬어지지 않은 빈 땅이 있다고 가정해보자. 그가 기초공
사와 보강작업을 마친 후 이 땅의 시장가치는 크게 변한다. 유
능한 리더, 그 이상의 리더는 자신의 팀원에 대해 이와 유사한
장기적 잠재력을 봐야 한다. 이 잠재력을 실현시키기 위해 합리
적 방법을 동원하여 언뜻 불합리해 보이는 꿈을 키워주는 것이
바로 코치이자 팀장, 유능한 리더다.

내 개인 피트니스 코치인 조디는 뛰어난 코치 기술을 보여주
는 사례다. 수년간 코치를 받는 내내 나는 그녀의 요구가 너무나
불합리하다고 느꼈다. 내 힘으로는 도저히 감당할 수 없을 정도
로 강하게 트레이닝을 시켰다. 그런데 한 단계, 또 한 단계를 지

날 때마다 그녀는 더 새로운 차원의 훈련으로 나를 단련시켰고, 이런 훈련이 반복되는 동안 내 몸은 전혀 예상 밖으로 뛰어난 발전을 거듭했다.

유능한 리더, 그 이상의 리더는 바로 이런 일을 하는 사람이다. 그는 팀에 동기부여를 하고, 새로운 활력을 불어넣는다. 그래서 마침내 보다 더 위대한 팀으로 인도한다. 그는 팀원의 변명을 허용하는 대신 개선을 종용한다.

팀원에게 꼭 필요한 부분을 코치하는가

전설적인 UCLA 농구 코치 존 우든(John Wooden) '웨스트우드의 마법사'로 불리던 인물이다. 그는 19번의 컨퍼런스컵 챔피언과 10번의 전국 챔피언십 우승을 팀에 안겨주었다. 이 정도 기록이라면(이 밖에도 은퇴하기 전까지 수많은 전승 기록을 남겼다) 뭔가 특별한 코칭 테크닉이 있으리라고 기대되지 않나? 사실 그랬다. 그가 고교 농구팀 코치 시절 터득한 코칭 기술은 아주 유명한데 의외로 단순한 기술이다. 바로 선수들에게 제대로 양말 신는 법을 알려주는 것이었다.

우든은 코치로 일하던 초창기 때 한 가지 재미있는 사실을 터득했다. 선수들에게 발에 물집이 잡히지 않게 해주면 더 좋은 성적을 올린 다는 사실이었다. 그래서 그는 코치로 나섰을 때 제일 먼저 선수들에게 제대로 양말을 신는 요령과 발가락 주위의 주름을 완화하는 방법, 그리고 적당한 신발 사이즈를 고르는 방법 등을 가르쳤다.[8]

유능한 리더, 그 이상의 리더는 팀원 개개인의 필요를 알고, 바로 그 지점에서부터 팀원과 협력관계를 만들어간다. 우든의 경우 물집을 막는 일이 그들에게 필요한 일이라 여겼고, 그는 농구공을 내려놓고 제대로 양말 신는 방법부터 가르쳤다. 그는 선수들이 필요로 하는 지점에서 코칭을 시작했다. 비록 언뜻 보기에 이 일이 농구 경기와 아무런 상관이 없어 보였을지라도 말이다.

격려해야 할 때와 도전해야 할 때를 아는가

내 아내는 테니스를 배우고 있다. 레슨을 받고 돌아온 날이면 그녀는 코치에 대해 극찬을 늘어놓는다. 그녀에게 레슨 코치는 전국 최고의 테니스 코치로 보이는 것 같다. 그가 유능한 것은 나도 알지만 전국 최고라니?

아내가 이렇게 코치에 대해 열광하는 이유는 뭘까? 그건 바로 그가 응원해줄 때와 도전할 때를 아는 사람이기 때문이다. 아내가 내리 15번의 형편없는 서브를 넣는다고 해도 그는 격려를 멈추지 않는다. 제대로 해낸 부분에 대해 엄청난 칭찬을 쏟아부은 후 다음 서브를 더 잘하기 위한 충고와 기술적 비결을 살짝 덧붙인다. 그럼 아내는 어떻게 할까? 다시 15번의 서브를 시도한다. 이건 짐짓 긍정적인 체 한다든가, 문제를 간과하는 일 따위와는 무관하다. 바로 균형의 문제다.

계속해서 비난만 하는 사람은 동기부여에 관한 한 최악의 경우다. 그렇다고 계속해서 격려만 한다면 그는 맹목적 낙천가로 보일 것이다. 유능한 리더, 그 이상의 리더는 격려가 필요한 순간과 도전을 해야 하는 순간을 안다. 그리고 이 둘 사이의 균형을 잃지 않는다. 그 비결을 정확히 설명할 수 있다면 좋으련만, 나에게 재주가 부족해 여러분의 이해를 도울 수 없는 점이 아쉽다. 이 일은 지극히 개인적 차원에서 봐야 한다. 즉 어떤 사람은 격려 쪽으로 약간 더 기울여서 리드해야 하는가 하면, 어떤 사람은 건설적인 도전이 좀 더 효과적일 수도 있다.

대학에서 피아노를 배우는 한 여학생을 만난 적이 있다. 그녀는 자기의 연주 테크닉에 다소 예민하게 반응했다. 그녀는 고등학생이 되어서야 피아노를 시작한 반면, 동급생 대부분은 유년기 때 이미 피아노 연주를 시작했기 때문이었다. 그녀는 분명히 재능이 있음에도 자꾸만 뒤처지는 느낌을 받았다. 대학에서 만난 담당 교수는 격려와 지지를 아끼지 않으면서도 동시에 끊임없이 발전을 요구하고 집념을 보이는 사람이었다.

이 두 가지 측면의 균형이 그녀에게 효과를 발휘했다. 그녀는 '격려' 쪽에 무게를 둘 필요가 있는 학생이었고, 교수는 이 사실을 이해했다. 그러나 1년 후 담당 교수가 안식년에 들어가면서 그녀는 다른 교수에게 지도를 받기 시작했다. 새로운 교수는 학생들에게 동기부여를 하는 방식으로 공포 분위기와 호된 꾸지람에 의존하는 사람이었다. 교수는 줄곧 그녀의 연주가 형편없다, 연습이 부족하다, 게을러터져서 열심히 노력하는 면이 없으니 피아니스트로 성공하기는 틀렸다 등등 독설을 퍼부었다. 이 여학생은 계속되는 비난의 포탄을 맞으며 뒤틀리기 시작했다. 위궤양과 만성적 우울증세에 시달리게 되었고, 학업을 거의 포기할 단계에 이르렀다. 그런데 다행히도 이 교수가 승진을 하면서 강의 일정이 조정되었다. 문제의 여학생은 다른 교수의 지도 하에 잘 해나갔고, 결국 무사히 학위를 받을 수 있었다.

유능한 리더, 그 이상의 리더는 직원에게 격려해줄 때와 도전해야 할 때를 그들 각자의 상태에 맞추어 조절할 줄 아는 사람이다. 유능한 리더는 격려는 공개적으로, 비난은 사적으로 한다.

그리고 직원들로부터 최고 수준의 생산성과 충성심을 이끌어
낸다.

유능한 리더, 그 이상의 리
더는 긴 여정을 인내하는 사람이다. 변화, 개선, 훈련, 목적 달성
등은 모두 시간과 노력과 집중력을 필요로 한다. 유능한 리더는
인내심과 집요함, 그리고 계속적인 촉구를 통해 목적을 이루어
나간다.

우든 코치의 경우는 이런 원리의 좋은 예라고 할 수 있다. 그
는 1932년 한 고등학교에서 코치 생활을 시작해 1942년 UCLA
로 옮겨온다. 그가 처음으로 전국 챔피언십을 따낸 것이 언제쯤
이라고 예상하는가? 코치 경력 30년이 넘은 1964년이었다.[9] 어
느 인터뷰에서 우든이 했던 말이다.

"뭔가 좋은 결과가 생기기를 원한다면 그렇게 되기 위해 노
력하십시오. 제자리에 있어서는 안 됩니다. 계속해서 발전해 나
가야만 해요. 발전에는 끝이 없습니다. 저는 코치로서 활약하는
마지막 해까지 해마다 더 나아지기를 바랍니다. 물론 지금보다
좀 더 젊었을 때 그만큼 개선할 게 더 많았죠. 그러나 앞으로도

개선할 것들이 많고, 그래야 계속 발전할 수 있다고 생각해요. 이쯤에서 만족하면 안 되죠. 항상 더 나아질 방법이 없는지 먼저 찾아야죠."[10]

최근 한 여성과 이야기를 나누던 중 그녀가 일했던 직장에 대한 얘기를 들었는데 우리가 말할 이 원칙에 대해 시사하는 바가 커서 여기서 소개할까 한다.

그녀는 대기업에 취직해 신입 직원으로 일했다. 그녀가 속한 부서의 팀장은 사무실 모퉁이에 자리 잡고 있었는데, 부서를 개선할 방책들을 고심하는 모습이 자주 눈에 띄었다. 그런데 얼마 지나지 않아 그녀는 당혹스런 일이 반복적으로 벌어지는 것을 알게 되었다.

몇 달에 한 번씩 부서원들은 퇴근이 임박한 늦은 시간에 회의실로 호출되어 아무렇게나 정한 듯 보이는 새 업무지시를 하달 받곤 했다. 특히나 극적이었던 한 회의에서는 사전에 전혀 귀띔해주지도 않은 채 새로운 조직도 슬라이드가 화면에 올라와 있었다. 그것도 즉각 효력이 발생한다는 내용으로 말이다.

게다가 25년 동안이나 근무한 어느 고위간부는 다른 직원들이 모두 보는 앞에서 평사원 신분으로 강등 당했다. 그 결과 부서 전체는 침체 분위기에 빠져들었고 긴장감이 치솟았다. 생산성은 추락했고, 예고 없는 회의는 모두를 떨게 만들었다. 이 여직원은 소속 부서에서 벌어지는 상황을 지켜본 결과 아무리 오랜 시간 충성을 바친다고 해도 이런 회사에 있는 한 자신의 현재와 미래는 불안할 수밖에 없다는 사실을 깨달았다. 결국 그녀는 사표를 쓰고 회사를 그만뒀다.

유능한 리더, 그 이상의 리더는 불확실성을 최소화하기 위해 할 수 있는 모든 노력을 기울인다. 스포츠의 예를 들자면 경기 도중, 혹은 시즌 중에 경기 규칙이 바뀌는 경우는 절대 없다.

만약 바뀌는 경우에도 그에 대한 많은 토론과 예상을 거친 후에야 가능하다. 경기 규칙이 불확실한 상황에서 경기장에 들어설 선수는 아무도 없다. 유능한 리더, 그 이상의 리더라면 자기 선수들에게 이것을 기대하지도 않는다.

그러나 비즈니스 세계는 항상 역동적이고 늘 변화한다. 그러므로 가능한 모든 방법을 동원해 팀이 느낄 수 있는 불안감을 최소화하는 일이야말로 유능한 리더, 그 이상의 리더 몫인 것이다. 만약 피할 수 없는 경우라면 리더는 팀원들이 이에 대비할 수 있도록 해야 한다. 가장 중요한 점은 리더 스스로 불안감을 초래할 수 있는 불필요한 행동을 자제하는 것이다.

이를 위해 어떤 부분에서 불확실성이 발견되면 그것을 일단 최소화한다. 만약 누군가 회사의 향방에 관해 묻거나 최근에 도는 어떤 루머 때문에 신경을 쓰고 있다면 유능한 리더, 그 이상의 리더는 이에 대한 대답을 회피하지 말아야 한다. 질문을 회피한 대가는 바로 그런 불확실성을 계속 굳어지게 만들기 때문이다. 불확실성을 가만히 방치할 경우에는 공포감을 조성해 회사를 마비시킬 수도 있다. 이런 두려운 상황에서 최상의 능률을 올리는 사람은 아무도 없다.

또한 유능한 리더, 그 이상의 리더는 변화하는 관리 체계의 모호함으로부터 팀을 보호해야 한다. 그는 어떤 목적을 설정할 때 평가항목에 정확한 우선순위를 매길 뿐 아니라 이 우선순위에 대해 직원들을 끊임없이 코치한다. 이를 통해 그 리더는 불확실성을 줄이고, 동시에 자신감을 고양시킬 수 있다.

일관성이 있는가

유능한 리더, 그 이상의 리더는 끊임없이 코치하는 사람이다. 불확실성을 관리하는 최상의 툴이자 유능한 리더의 자질 중 하나는 바로 일관성이다. 그렇다고 융통성이 없거나 생각이 느리거나 변화에 폐쇄적이란 뜻은 아니다. 리더의 태도가 예측 가능하고 행동은 신뢰할 만하다는 뜻이다.

동료이자 친구인 밥 스타우스(Bob Stauth)는 플레밍(Fleming Companies, Inc.)사의 회장이자 CEO다. 그는 일관성은 성실함과 동일한 의미라고 말한다. 그는 다음과 같이 나에게 설명했다.

"성실함은 바로 '그를 믿을 수 있을까? 그의 생각에 일관된 점이 보이는가? 상대방에 따라 다른 반응을 나타내지는 않는가?'를 묻는 것이나 마찬가지야."

유능한 리더, 그 이상의 리더는 행동, 언어, 태도에 일관성을 보임으로써 자신의 성실함을 드러낸다.

자가 평가

이제 당신 자신에 대해 생각할 시간을 가져보자. 우든 코치는 종종 이렇게 말했다.

"이제 알아야 할 것을 다 알았다면, 무엇을 배울 것인가는 그보다 더 중요하다."[11]

지금까지 유능한 리더, 그 이상의 리더가 지닌 특성에 대해 살펴보면서 나는 의도적으로 '그'라는 3인칭을 사용했다. 그것은 이미 당신이 유능한 리더, 그 이상의 리더일 것이라고 가정하지 않았기 때문이다. 나는 아마도 당신이 닮고 싶은 사람의 특성을 설명했을 것이다. 이 특성 중 어느 정도나 오늘의 나를 묘사하고 있고, 또 미래의 내 모습을 그려내고 있는지는 오로지 당신만이 아는 진실이다.

잠깐 자신을 평가해보는 시간을 갖자. 먼저 이 특성이 당신에게 좀 더 와 닿을 수 있도록 만들기를 바란다. 나는 여기에 그런 특성의 본보기가 될 만한 사람들을 등장시켰다. 이제 각자 자신의 삶에서 그런 모델을 찾아보라.

유능한 리더, 그 이상의 리더로 간주할 만한 사람을 생각해보라. '그들이 이런 특성 중 어떤 점을 지니고 있는가? 여기에 언급하진 않았지만 존경하고 싶은 그들만의 자질이 있는가?'

이 장의 끝에 마련된 여백에 그 사람들의 목록을 작성하고 각 개인마다 어떤 특성을 지니고 있는지, 특성을 실제 행동으로 보여주었던 경험은 어떤 것인지를 적어보자.

다음으로 당신에 대해 생각해보자. 당신이 이미 갖고 있는 특성을 첫 번째 항목에 적어보자. 두 번째 항목은 당신에게 이미 있지만 좀 더 강화해야 할 부분에 할애하라. 세 번째 항목에는 당신에게 없는 특성, 혹은 좀 더 집중해야 할 특성이 무엇인지 나열해보라.

목록을 작성한 후 눈에 잘 보이는 곳에 붙이고 목표를 설정하라. 지금 바로 그 목표를 정해보자. 강화해야 할 목록이나 집중해야 할 목록 중에서 하나를 골라 당장 실행할 수 있는 부분이

1. 유능한 리더, 그 이상의 리더의 특성을 당신 가슴에 와 닿도록 만든다.

주위에 유능한 리더, 그 이상의 리더로 보이는 사람이 있는지 알아본다. 앞서 소개된 목록 중 어떤 특성을 그에게서 찾을 수 있는가? 여기에 언급되지 않았지만 존경하고 싶은 면이 있는가?

2. 자신에 대해 생각해본다.

당신이 지닌 특성을 나열해보라. 이미 갖고 있지만 좀 더 강화시켜야 할 특성에 대해 나열해보라. 그리고 당신에게 없는, 그래서 집중해야 하는 특성에 대해 목록을 작성해보라.

3. 이 목록을 표로 정리해 눈에 잘 띄는 곳에 두고 목표설정에 활용하라.

지금 바로 목표 한 가지를 설정하라. 강화해야 할 목록이나 집중해야 할 목록 중에서 하나를 골라 지금 바로 실행할 수 있는 부분이 무엇인지 결정하라.

4. 황금 서약을 한다.

"나는 내 팀장보다 뛰어난 리더가 될 것이다."

무엇인지 정해보자.

'도전보다는 격려 쪽에 무게를 두어야 할까? 이번 주에는 우선 5명의 직원에게 긍정적인 피드백을 주는 건 어떨까? 팀원들의 필요에 대해 좀 더 고민할 필요는 없을까? 이번 주에 먼저 팀원 한 명을 정해서 그에게 필요한 점을 알아보고, 그를 도울 수 있는 방법을 마련해보는 건 어떨까? 내 욕심을 내려놓고 팀의 성공에 전념하면 어떨까? 팀보다 나 자신에게 더 많은 초점을 둔 적은 없었는가? 다음번에는 어떻게 해야 좀 더 나아질 수 있을까?'

진정으로 유능한 리더, 그 이상의 리더가 되겠다는 글로벌 비전을 갖고 우선 할 수 있는 일부터 시작해보는 거다. 인내심과 집요함, 그리고 촉구하는 자세로 계속해서 발전하려고 노력하자.

무엇보다도 자기 자신과 능력에 대한 확신을 가져라. 먼저 나를 위해 이것을 성취할 수 있는 사람이면 팀을 위해서도 그렇게 할 수 있다.

마지막으로 스스로에게 "나는 내 팀장보다 뛰어난 리더가 될 것이다."라는 황금 서약을 하라. 이 서약은 사람마다 다른 의미로 다가갈 것이다.

탁월한 리더에게 지도를 받고 있는 사람이라면 도전의 장벽은 한층 높게 느껴질 테고, 그보다 못하지만 나름대로 해내고 있는 리더 밑에 있는 사람은 그를 타산지석으로 삼아 그보다는 뛰어난 리더가 되겠다고 다짐할 것이다. 이 서약은 당신 자신과 팀 모두에게 더 나은 결과를 가져오게 될 선언이다.

유능한 리더, 그 이상의 리더는 다음과 같은 특성을 공통적으로 갖고 있다.

- 글로벌 비전을 갖고 있다.
- 글로벌 비전을 세분화한다.
- 자신보다 팀의 탁월성에 초점을 맞춘다.
- 자기 팀원에 대해 잘 안다.
- 팀원을 아낀다.
- 자기가 하고 있는 일을 알고 있다.
- 팀원을 믿는다.
- 팀원에게 꼭 필요한 부분을 파악해 코치한다.
- 격려해야 할 때와 도전해야 할 때를 안다.
- 인내심과 집중력, 추진력을 발휘한다.
- 불확실성을 최소화한다.
- 일관성이 있다.

당신이 갖고 있는 특성과 앞으로 개발해야 할 특성이 무엇인지 스스로 평가해보라.

내가 아는 유능한 리더가 보여주는 특성

현재 내가 지닌 특성

개발해야 할 특성

유능한 팀장, 그 이상의 팀장

3

핵심인재는 만들어지는 것이다
THE BETTER PEOPLE LEADER

하와이의 한 초등학교에서 5학년과 6학년 학생을 가르치는 젊은 여 선생님에 관한 기사를 읽은 적이 있다. 남학생 지미는 약간의 장애를 보여 수업시간 대부분을 특수교사와 함께 교실 밖에서 보냈다. 아이가 특수교사와 보내는 동안에도 그는 아주 산만하게 행동해 다루기 힘들었다.

그녀는 매우 힘든 상황에 놓여 있었다. 자신이 가르치는 모든 학생에게 강한 책임감을 느꼈던 그녀에게 지미는 크나큰 도전이 아닐 수 없었다. 문제를 해결하는 방법은 여러 가지가 있지만 그녀가 선택한 것은 교실에 있는 모든 학생들이 이 문제를 함께 책임지도록 하는 방법이었다. 문제 대상을 치워버리거나 어서 빨리 해가 바뀌기만을 학수고대하는 대신, 그녀는 '지미가 좋아지도록 도와주기'라는 캠페인을 시작해 같은 반 학생들을 참여시켰다. 지미가 교실에 없을 때 그녀는 아이들에게 이런 행동지침을 내렸다. 쉬는 시간 놀이에 지미를 함께 끼워주기, 점심시간에 같이 앉아주기, 지미가 이상한 행동을 하더라도 놀리거나 웃지 말기 등등이 그것이다. 모두가 동의했고 실험이 시작되었다.

처음에 지미는 같은 반 친구들의 달라진 행동에 놀라며 의심스럽다는 눈초리를 보냈다. 하지만 아이들 모두 계속해서 존중과 우정 어린 태도를 보이자 지미의 행동이 달라지기 시작했다. 그는 시간이 지날수록 놀라운 발전을 보이게 되었다. 사회성과 학업 성적이 모두 향상되었고, 학교의 상담선생님조차 불과 몇 달 만에 달라진 성적표를 보고 놀라워했다. 1년이 다 되었을 무렵에는 유치원 때부터 따로 특수교육을 받던 지미는 학급의 주류에 속하는 생산적 일원으로 거듭났다. 그는 결국 특수교육반을 벗어나 일반 중학교에 진학했다. 이 놀라운 일은 한 교사와 동급생들이 그가 '더 좋아지도록 돕기'로 결심함으로써 이룰 수 있었다.[1]

'타인이 더 나아지도록 하는 일'은 모든 관리자가 직면하고 있는 도전이자 기회다. 혹시 이런 말을 듣거나 해본 적 있는가?

"좀 더 나은 사람을 구할 수 있다면 이곳이 한층 생산적으로 변할 텐데…"

“일하고 있는 사람과 악수는 해서 뭐 한담?”

이런 정서는 나태한 관리자 정신에서 나온다고 생각한다. ‘더 괜찮은 직원만 있었더라면, 무슨 일을 하는지 좀 알고 할 일이지, 신경 써야 할 사람들 때문에 골치가 아프군.’ 바로 이런 변명이 문제다.

제발 관리자의 정신 자세부터 좀 바뀌기를 바란다. 유능한 리더, 그 이상의 리더는 자기 팀의 약한 모습을 용납하지 않는다. 그는 적극적인 자세로 팀의 현재 성과와 미래의 성장에 대해 책임감을 느낀다. 이런 리더는 종종 이렇게 말한다.

“우리 팀의 성과에 대해서 저는 크나큰 책임감을 느낍니다.”

“여러분이 일을 더 잘 해내기 위해 제가 도와드릴 부분은 무엇입니까?”

이런 자세야말로 제대로 된, 그리고 책임 있는 관리자의 모습이다. 사실 당신은 더 나은 직원을 새로 뽑을 능력과 현재의 직원을 더 나아지게 할 수 있는 능력 모두를 갖고 있다. 팀원 개개인은 모두 강점과 약점을 지니고 있다. 제대로 된, 그리고 책임감 있는 리더십을 발휘하기 원한다면 팀원 개개인의 강점은 끌어내고, 약점은 보강하고 개선시키는 방향으로 노력해야 할 것이다. 당신은 이들의 성공에 훌륭한 조력자가 될 수 있다.

이 과정은 그럴듯해 보이는 환상이 아니다. 마법같은 처방전

따위는 존재하지 않는다. 당신의 끊임없는 고민과 노력, 근면함
이 있어야 가능한 일이다. 물론 더 나은 사람을 뽑는 편이 기존
의 사람을 더 나아지게 하는 일보다 쉬울 것이다. 이 일은 일부
러 고생스러운 길로 들어서는 행위일 뿐 아니라 이를 위해 무척
힘든 결정을 내려야 할 때도 많다. 리더가 해야 할 일을 더 많이
만드는 셈이라고나 할까? 그러나 다른 사람을 더 나아지도록 하
는 것은 궁극적으로 당신의 길을 밝게 비추고 팀의 성공 확률을
높이게 된다.

마법 같지 않은 처방전은 바로 이런 것이다.

첫째, 새로운 직원을 채용할 때는 현재 보유한 사람보다 더
뛰어난 직원을 채용하라.

둘째, 조직 내 암세포를 제거하라.

셋째, 이미 보유하고 있는 직원을 코치하라.

보유 인력보다 우수한 인재를 채용하라

이것은 두 가지로
해석할 수 있다. 현재 있는 사람보다 뛰어난 사람을 채용하라는
뜻과 그동안의 채용방식보다 더 나은 접근을 시도하라는 뜻이

다. 둘 다 맞는 말이다.

현재 있는 직원보다 우수한 사람을 채용하라

당신의 회사에서 현재 가장 탁월한 직원을 기준으로 삼아 새
로 채용할 직원은 그 이상이 되어야 한다. 현재 있는 직원들의
능력 상태를 그래프로 나타내면 아마도 아래와 같이 모양이 될
것이다.

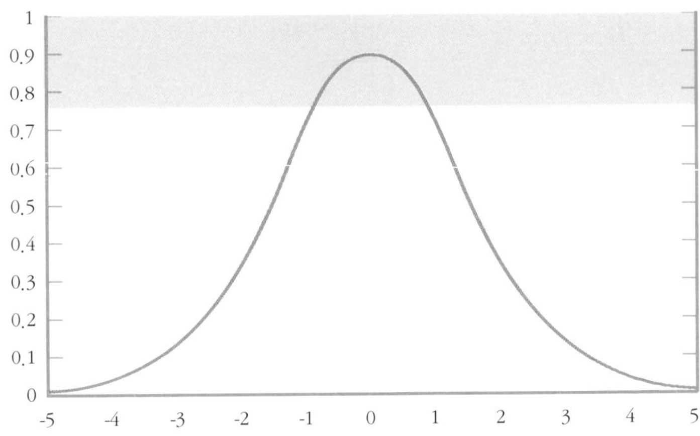

그들이 가진 재능은 정상 분포에 꽤 가깝다. 즉, 소수의 슈퍼
스타와 평균 이하의 낙후된 실력을 사이에 두고 대다수는 그럭
저럭 일을 해내는 중간층으로 분포되어 있다. 이 그래프를 다시

분기별로 구분해 비교한 후 채용 기준점을 설정하라. 그래프의 최상위에 해당되는 직원과 비교해볼 만한 사람만 후보로 선정한다. 하위 75퍼센트에 대해서는 채용과정 초반에 아예 제외시켜라.

"나는 샐리가 맘에 들어. 우리 팀에 샐리 같은 직원이 더 많았으면 좋겠어."

이런 주먹구구 방식으로 직원을 선택할 수도 있다. 하지만 그래프의 상위 25퍼센트에 해당하는 직원들이 왜 눈에 띄는지를 한번 면밀히 연구해볼 필요가 있다. 이들이 갖고 있는 특성을 기록하고 분석해보라.

'혹시 그가 공격적인 세일즈를 하며 실적을 올리는가? 동료들의 사랑을 받고 있는 사람인가? 특별한 교육을 받았거나 그와 연관된 어떤 학위가 있는가? 아이디어와 에너지가 넘치는가? 일을 해내고 마는 열정이 있는가?'

이런 특성을 꼼꼼히 리스트로 작성한다면 지금보다는 더 나은 채용 결과를 얻을 수 있다. 다시 한 번 새클턴의 경우를 떠올려보자. 그는 대원 선발에 세심한 주의를 기울였다. 그는 자기에게 필요한 대원들의 특성이 무엇인지 정확히 알고 있었으며, 또한 적임자를 선택하는 일의 중요성을 절감하는 사람이었다. 그는 단지 뛰어난 기술이나 지식, 경험만을 따지지 않았다. 당신도 만약 찾고 있는 사람에 대한 분명한 그림만 있다면(그가 지닌 기술적 측면만을 따지기 전에) 적임자를 선발하는 현장에서 이미 몇 걸음 앞서 있는 셈이다.

예를 들어 사람의 키는 코치 대상이 될 수 없다. 키가 큰 사람이 필요한데 팀원이 모두 키 작은 사람들이라면 이 경우엔 새로운 사람을 채용하는 수밖에 없다. 내가 아는 어느 식료품점 주인은 신입 사원을 뽑을 때 가게 앞 프론트를 얼마나 빠른 속도로 지나갈 수 있는지를 본다고 한다. 그는 '속도'는 가르쳐서 되는 게 아니고 생각하기 때문이라고 말했다. 또 어떤 사람은 '직업윤리' 역시 어려서부터 몸에 배어있지 않으면 나중에는 좀처럼 갖추기 어려운 특성이라고 말한다. 이와 마찬가지로 가르치기 힘든 것 중에는 '외향성', '사교성', '치밀함' 등도 포함된다. 이런 자질은 거의 타고난다. 만약 이런 자질이 꼭 필요한 자리라면 이를 선발기준의 우선순위에 두어야 함은 두말할 필요가 없다.

그동안 해왔던 고용방식보다 더 나은 선택을 하라

일단 어떤 사람을 뽑을 것인지 정해졌다면, 이제 그를 찾아내는 더 좋은 방법이 무엇인지 고민할 차례이다. 채용과 인터뷰 방식을 소개하는 책이나 웹사이트 등 훌륭한 자료가 많으니 자세한 논의는 다른 책에게 넘기고, 여기서는 내가 그동안 터득한 나만의 채용기술 비법을 소개하고자 한다. 질적으로 우수한 인재를 선별할 때 나에게 요긴하게 도움을 준 원리들이다.

1. 그물을 넓게 던져라

공석을 채우기에 급급한 나머지 무능한 사람을 앉히는 것은 절대 금물이다. 아무리 다급한 처지라고 하더라도 그물을 좀 더 넓게 던지든지, 그 자리에 대해 좀 더 깊게 생각해봐야 한다.

사슴계곡 스키리조트의 경우, 최고 수준의 스키강사를 확보하는 일은 성공적인 경영의 핵심요소였다. 그래서 그들은 리조트 주변 지역을 맴도는 할 일 없는 스키 애호가에만 의존한 것이 아니라 그물을 더 넓게 던졌다. 채용 가능한 범위를 넓게 확대했다는 뜻이다. 그 실천 방법은 인근 도시를 오가는 통근버스를 운행해 타지역에서도 출퇴근이 가능하게 만들었다. 또한 노동비자를 제공하는 형태로 유럽과 남미 출신 강사들을 적극적으로 채용했다.

그 자리에 요구되는 경험과 기술에 대해서도 창조적인 발상이 필요하다. 내가 운영하는 더 게임 오브 워크 사에도 영업사원이 있다. 이들은 우리 사업에서 매우 중요한 역할을 한다. 이들을 채용할 때 오직 영업 경력만을 중요하게 여긴다면 그에 딱 맞는 사람은 흔하지 않다. 오히려 다양한 업무 경력과 경험이 성공적인 영업맨으로 성장하는 데 크게 도움이 된다는 사실은 오래 전부터 직접 눈으로 확인한 결과다. 예를 들어 우리 회사의 영업에서 가장 필요한 요소는 기업의 CEO나 그 비서 혹은 부하직원과 편안하고 예의 바른 관계를 만들어나가는 능력이다. 그래서 나는 두루 응용할 수 있는 다양한 업무 경험이 있는 사람을 선호한다. 영업의 달인이라는 부동산 세일즈 경력이나 재무기획 경력 등도 적합할지 모른다. 뽑으려는 포지션의 성격을 정확히 이해한다면 동일한 업종의 업무 경력이 아니더라도 그 일에 적합한 경력자를 찾을 수 있다.

더 나은 직원을 영입하는 길이라면 기존의 규칙을 조금 바꿀 줄도 알아야 한다. 제트블루(JetBlue) 항공사는 예약담당 직원을 채용하는 과정에서 큰 변화를 일으켰다. 바로 재택예약업무라는 새 시스템을 도입한 것이다. 이로써 근무 형태가 유연해졌고 더 넓은 그물을 던지는 효과도 얻어 일석이조 효과를 누렸다.[2]

2. 오버-인터뷰

몇 년 전 우리는 간부사원 한 명을 새로 뽑은 적이 있다. 인터뷰도 끝냈고 추천서도 꼼꼼히 읽어보고 한 가지만 빼고 모든 점검을 마친 상태였다. 남아있던 마지막 단계는 지원자의 어머니에게 전화를 걸어 우리가 사람을 제대로 본 것인지 확인하는 절차였다.

　그렇게 여러 단계를 거치면서 오랫동안 고심을 거듭해 뽑은 사람인데 시간이 지날수록 그는 업무나 회사를 위해서 그 자리의 적임자가 아니었음이 고통스러울 정도로 여실히 드러났다. 우리는 결국 해고를 결정했고, 그 후 길고도 소모적인 싸움에 휘말렸다. 모든 상처가 아물고 안도의 한숨을 내쉬고 있을 때 어이없게도 내 비서가 이렇게 말했다.

　"전 그 사람을 뽑으면 안 된다는 사실을 알고 있었어요. 우리 회사에 도움이 안 될 사람이라고 처음부터 말하고 싶었는데…."

　'뭐? 처음부터 알았다니?

　"그럼 왜 아무 말도 안했어?"

　내가 묻자, 비서가 대답했다.

　"아무도 제게 물어보시지 않았잖아요."

　가능한 한 많은 직원들이 후보자 인터뷰에 참석할 수 있다면 가장 좋다. 모두에게 지원자를 만날 수 있는 기회를 제공하고 그들의 생각을 들어보라. 비록 업무적으로 상관이 없는 직원이라도 말이다. 사실 내 비서가 임원으로 들어올 사람과 무슨 상관이 있겠는가? 하지만 우리가 그를 선택하기 전에 우리 회사에서 일하는 사람을 대표해 그녀의 의견을 한번 정도 미리 들었다면 채용과 해고라는 소모적인 절차를 거치지 않았을 것이 분명하다.

『상어와 함께 수영하되 잡아먹히지 않고 살아남는 법(Swim with the Sharks without Being Eaten Alive)』의 저자 하비 메케이(Harvey Makay)는 이 책에서 창의적인 인터뷰 과정을 추천하고 있다. 그의 회사에서는 10단계 채용 과정을 채택하고 있는데 그 중에는 후보자와 통화 해보기, 집에 방문하기, 음악 연주회나 골프 코스에서 친교활동 하기 등이 포함되어 있다. 메케이가 말하는 이 과정의 요지는 바로 이것이다.

"10단계의 채용 과정은 마치 물고문처럼 느리고 고통스럽게 보일지도 모르지만 사람 한 명을 잘못 골랐을 때 겪게 되는 고충을 상상한다면 그게 뭐 그리 대수겠는가? 이만한 투자는 할 만한 것이다."[3]

3. 테스트와 프로필

직종에 따라서는 채용할 때 반드시 테스트를 거치는 경우가 있다. 신문이나 잡지사 기자들은 입사할 때 글쓰기 능력과 언어에 대한 이해, 상식수준 등을 묻는 입사시험에서 자신들의 능력을 입증해야 한다. 간호사, 의사, 변호사, 혹은 건설 현장의 전문기술자 등과 같은 전문직종은 반드시 소지해야 하는 면허나 자격증을 제시해야 한다. 대부분의 회사는 입사단계에서 후보자들에게 이력서를 비롯해 자신의 기술을 입증할 만한 자료를 요구한다. 나 역시 직원을 채용할 때 실력을 확인할 수 있는 테스트나 프로필 자료는 꼭 필요하다고 본다.

여기에 덧붙여 나는 후보자의 인성을 점검할 것을 강력히 추천한다. 후보자의 사고방식과 행동양식을 알아볼 수 있는 좋은 테스트들이 많이 나와 있다. 물론 테스트 결과에 전적으로 의존해서는 안 되지만 후보자에 대해 통찰력을 얻을 수 있는 참고자료라는 점은 확실하다.

4. 추천인과 통화하라

이 원리에 대해 낡은 관습이라고 말하는 사람도 있을지 모르지만 내 경험상 천만의 말씀이다. 후보자에 대해 외부인의 의견을 묻는 과정을 통해 미처 알아채지 못했던 많은 정보를 알게 된다. 한번은 어느 대기업이 부사장을 새로 채용하는 시기에 그들과 일한 적이 있다. 그들은 화려한 이력서와 인상적인 인터뷰만을 고려하여 한 여성을 선택했다. 추천인과 통화하는 일은 그냥 지나친 채 말이다. 그러나 이것은 엄청난 실수였다. 그녀는 일을 해내긴 해냈다. 단, 많은 사람들의 고통과 희생을 대가로 치러야 했다는 것이 문제였다. 결국 그녀는 '단검을 쥔 나폴레옹' 이라는 별명을 얻었을 정도였다. 그들이 사전에 전화 몇 통만 걸어봤더라면 피할 수 있었던 일에 15개월이라는 긴 시간을 허비하고 나서야 잘못된 결정을 뒤집을 수 있었다.

추천인과 통화하는 것이 반드시 추천인 목록에 있는 사람과 통화하는 것만 의미하지는 않는다. 당신이 동원할 수 있는 다른 방법을 써도 된다. 직원 중에 후보자가 일했던 직장에서 함께 일한 적이 있거나 약간의 의견을 들을 수 있는 사람이 있다면 그것으로 충분하다. 아니면 같은 계통에서 일하는 사람 중에 후보자를 아는 사람은 없을까? 혹은 후보자의 전직 상사의 연락처가 기재된 지원 서류가 있는지도 살펴볼 수 있을 것이다. 가능한 한 여러 단계를 거치면서 그에 대한 다양한 평가와 정보를 모을 필요가 있다.

5. 점수카드를 갖고 인터뷰에 임하라

한번은 비행기를 타고 가는데 옆자리에 앉은 남자가 아주 복잡해 보이는 정산표를 꺼냈다. 총 7장짜리였는데 각각의 장은 30여 줄에 15개 항목으로 나뉘어 있었다. 그는 눈이 빠지게 용지를 들여다보았다. 나는 점수 매기기나 정산에 관해서라면 워낙 관심이 많은 터라 무슨 일을 하는 사람인지 궁금해서 그에게 직업을 물었다.

"저는 NFL(National Football League, 북아메리카 프로미식축구 리그—역주)의 스카우트 담당 직원입니다."

의외의 답변을 듣고는 정산표를 떠올리며 재차 물었다.

"지금 보고 있는 그 도표는 뭔가요?"

"서부 11개 주(州) 출신 선수 중에서 리시브가 뛰어난 선수를 스카우트해야 해서 기록을 보고 있습니다."

대답을 듣고 다시 용지를 들여다보자 1개 주(州)의 포지션 하나에만 200명 이상의 선수 명단이 적혀 있었다. 정산표의 각 항목별로 미식축구 통계자료부터 학업 성적과 건강상태에 이르기까지 선수에 대한 모든 정보가 기재되어 있었다. 스카우트 대상 선수의 경우 고등학교 1학년 시점부터 기록을 추적한다고 했다. 계약서 초안을 잡을 정도면 과거 8년간의 모든 정보를 검토한다는 것이다.

그렇다고 당신의 회사에서 직원을 뽑으면서 각 후보자의 지난 8년간 모든 기록을 조사할 수는 없는 노릇이다. 그러나 특별히 중점을 두는 통계치는 파악하는 것이 좋다. 후보자를 면접하면서 앞서 언급한 바 있는 상위 25퍼센트에 해당되는 직원을 검토해 만든 목록을 활용할 수도 있다. 혹은 현재 팀의 목표치나 평소 각 직원에 대해 수행해온 업무평가 기록에 쓰였던 점수표도 좋다. 회사의 업무실천요강이나 윤리선언문 등도 참고자료로 활용할 수 있다.

공군 기지와 계약을 맺은 어느 우주항공업체와 일할 때였다. 골칫덩어리 직원 한 명 때문에 여러 부서의 관리자들이 모여 회의를 하고 있었다. 문제의 직원은 다른 부서로 자리를 옮긴지 얼마 안 된 사람이었다. 옮겨간 부서의 관리자는 이 직원 때문에 별별 고충을 다 겪고 있었고, 회의에 모인 사람들에게 그에 대한 불만을 토로했다. 그러자 문제의 직원과 일했던 전임 상사도 고개를 끄덕이며 말했다.

"맞아요. 우리 부서에 있을 때도 똑같았어요. 그녀는 정말 골치 아픈 존재죠."

그 말을 듣자 불평하던 관리자가 의심쩍은 표정으로 물었다.

"그렇다면 당신은 왜 그녀에게 높은 평점을 줬죠?"

그러자 흘러나온 상대방의 대답이 걸작이었다.

"그녀를 치워버릴 유일한 방법이었으니까요."

직원의 성공을 위해 여러 가지 도움을 줄 수도 있지만, 어떤 경우에는 당신 자신이나 회사를 위해 직원을 내보내야만 하는 때가 있다.

한번 생각해보자. 암이라는 진단이 내려진 경우 의사가 조치를 취할 때까지 기다릴 수 있는 시간은 얼마나 될까? 일주일? 아니면 한 달?

"한 90일 정도 지켜본 다음 상황이 호전되는지 알아봅시다."

이렇게 말하는 의사가 있을까? 한 명도 없을 것이다. 설사 피치 못할 사정 때문에 그렇게 말하는 의사가 있다고 하더라도, 만약 사랑하는 사람에게 내려진 진단이라면 90일 동안 기다리며 참겠다는 보호자는 단 한 사람도 없을 것이다. 즉시 새로운 의사를 찾아갈 거다. 그렇게 할 수 없다면 의사의 진료실 밖에서 어서 빨리 치료를 시작해달라고 시위라도 할 게 분명하다.

환자에게 암 선고가 내려진 경우 치료는 공격적일 정도로 즉각 이루어진다. 전문가가 투입되고, 피 검사와 엑스레이 촬영을 하고, 수술도 최대한 빨리 진행한다. 한마디로 보호자와 의료진은 할 수 있는 모든 수단과 방법을 동원하여 암세포 비슷한 것이면 무엇이든 제거하려고 들 것이다. 질병을 예로 들었지만 비즈니스 현장에서도 이와 같이 문제가 명백히 들어날 경우 그 해결책은 정확하고 즉각적이며 단호해야 한다.

나는 종종 CEO나 그룹의 리더들을 대상으로 강연할 때 다음과 같은 질문을 던지곤 한다.

"여러분 혹시 직원을 해고해본 적 있습니까?"

내 질문에 대부분 손을 든다. 그럼 나는 계속해서 묻는다.

"새로 뽑은 직원을 얼마 지나지 않아 해고해본 경험은 얼마나 있습니까?"

그러면 대부분 웃으며 고개를 끄덕인다. 맞다. 어떤 직원이 문제가 너무 심각해서 해고해야 할 정도라면 서둘러 조치를 취해야 한다. 빠르면 빠를수록 좋다.

그렇다면 문제가 너무 심각하다는 것은 어떤 경우를 말하는 것일까? 조직에서 성과가 매우 저조한 경우가 해당될 것이다. 아니면 근무태도나 대인관계에서 문제를 일으키는 경우도 있다. 다른 직원의 생산성을 떨어뜨리고 나쁜 태도를 전염시키는 경우도 있다. 회사 규정을 어기고 불법을 저질렀을 때도 여기에 해당된다.

최상의 치료를 하기 위해서는 암의 상태를 먼저 규명해야 한다. 만약 어떤 직원이 삐걱대기 시작한다면 더 이상 쇠퇴일로로 치닫는 것을 막고 관계를 개선하는 것으로 조치가 끝날 수도 있다. 하지만 이미 수용할 수 있는 범위의 정도 선을 넘어버린 경우라면 빨리 해고 조치하는 편이 현명한 선택이다.

단순히 한 사람을 해고하는 것에서 끝나지 않고 문제를 총체적으로 해결하기 위해서는 문제의 주변 상황도 살펴봐야 한다. 앞서 말한 '단검을 쥔 나폴레옹' 이라는 불명예스러운 별칭이 붙은 직원은 입사하면서 전 직장에서 동료 몇 사람을 같이 데려왔는데 그녀의 해고를 결정한 회사로서는 그들에 대해 고민하지 않을 수 없었다. 그들 중 일부는 그녀와 함께 해고되었고, 몇몇은 그녀의 영향력 없이도 업무성과나 능력 면에서 인정할 만한 사람이라고 판단해 회사에 남았다.

사실 이 주제를 필요 이상으로 강조할 마음은 없다. 무자비한 해고와 숙청을 동조하는 것은 더욱 아니다. 그렇다고 현실을 무시한 채 듣기 좋은 소리만 할 수는 없다. 유능한 리더, 그 이상의 리더는 때로는 아프고 힘든 결정을 내려야 할 때도 있다는 말을 하고 있는 것이다. 나머지 팀원의 안녕과 발전을 위해서 심각한 문제를 안고 있는 소수의 직원을 도려내는 아픔도 감당해야 한다는 뜻이다.

보유하고 있는 직원을 코치하라 | 이것이야말로 어찌 보면 진정한 해결책이다. 허구한 날 새로운 사람을 채용할 수도 없고, 있는 사람을 계속 해고할 수도 없는 노릇이니까 말이다.

나는 일부러 '코치'라는 말을 사용한다. 사람들은 '관리' 받는다는 말은 싫어해도 '코치' 받는다는 말은 싫어하지 않는다. 관리는 왠지 통제권이 거의 없고 자신을 위해 생각할 틈이 없는 것처럼 들린다. 하지만 코치 받는다고 하면 격려 받고 동기부여 되는 느낌, 어떤 일을 더 잘하도록 힘을 실어주는 느낌이 든다.

솔직히 말해서 코칭이 관리보다 더 힘들다. 팀을 단순히 관리하는 차원이라면 사무실에 며칠씩 앉아있으면서 보고서나 기록만 잔뜩 작성해도 될 것이다. 계속해서 업무를 지시하고 다시 새로운 업무를 부여하는 일을 반복하면서 기한과 사내 규정을 감독하는 역할로 충분하다. 하지만 코칭은 당신도 직접 현장에 직원들과 함께 뛰어들어야 할 때가 다반사다. 코칭은 직원과 리더 양측이 서로 든든한 신뢰로 이어져야 한다. 코칭은 정기적으로 이루어져야 하고 계속되는 과정일 뿐 아니라 치밀한 계획을 필요로 한다. 간단히 말하면 보고나 기록, 기안이 아니라 하나의 프로세스이자 사고 체계다.

이 책의 나머지 부분은 바로 이런 코칭에 대한 안내다. 여기서 우선 이 프로세스와 사고 체계를 세울 토대가 되는 몇 가지 기본 원리를 짚고 넘어가자.

평균에 머무르지 마라

유능한 리더, 그 이상의 리더로서 당신이 팀에 해줄 수 있는 첫 번째 일은 팀원 개개인의 성과에 대한 허용기준을 수립하는 것이다. 내 친구이자 동료인 밥 스타우스는 이렇게 단언한다.

"이류를 허용하는 것이야말로 슈퍼스타급 선수를 기죽이는 최악의 길이다. 평균치 성과만 올리는 팀원에 대해 아무런 문제 제기도 하지 않는 리더는 최상위 팀원이 볼 때 리더의 나약함을 드러내는 일로 비칠 수 있다."[4]

나는 여기서 한걸음 더 나아가 리더나 팀장으로서 보여서는 안 되는 부도덕한 행동은 코치하고 싶지 않은 사람을 그냥 방치하는 처사라고 생각한다. 평균치를 허용하게 되면 직원들에게 동기부여는커녕 사기를 꺾으며 아무런 도움도 주지 못하는 것이나 다름없다. 당신의 회사에 15년째 평균 수준의 성과를 올리며 버티고 있는 직원이 있다고 가정하자. 만약 15년을 참아왔던 관리자가 결국 그를 해고하려고 결심한다면 무슨 변화가 있을까? 15년 동안 근무했다면 그 직원은 40대 중년일 게 분명하고, 퇴직 후 선택할 수 있는 길은 몇 가지 없다. 평균에 머물러있던 지난 15년은 그에게 전혀 도움되는 시간이 아니었을 것이며, 그의 팀이나 회사 역시 아무런 득 없이 세월을 낭비한 셈이다. 이처럼 평균치를 허용해버리면 결과는 실패로 이어진다.

그 밖에도 생각해볼 문제가 있다. 어떤 곳에서는 평균 정도밖에 안 되는 사람도 환경을 바꾸면 슈퍼스타가 될 수 있다. 그저 평균에 머물게 방치함으로써 그가 다른 곳에서 이룩할 수 있는 성공 기회를 빼앗는 셈이 될 수도 있다. 유능한 리더, 그 이상의 리더라면 팀원 개개인을 잘 알고 각자에게 맞는 코치를 할 수 있어야 한다. 누군가 맡은 일에 능력 발휘를 못하고 있을 때 그에게 걸맞는 또 다른 기회가 무엇인가를 생각할 수 있어야 한다.

예를 하나 들어보자. 생산과 공장관리를 맡아온 관리자가 한 명 있다. 그는 직원들에게 거칠고 권위적으로 대하는 편이었고, 그래서인지 직원들은 업무개선 의욕이 좀처럼 보이지 않았다. 우리는 이 관리자를 대상으로 그의 행동과 업무개선 목표설정이라는 두 가지 측면에 대해 코치하기 시작했다. 그는 별도의 두 작업공간에서 우리에게 교육을 받았는데 매번 또 다시 자신의 본래 방식으로 되돌아가곤 했다. 그러던 중 고위간부 팀에서 그의 재능과 능력에 대해 면밀한 검토에 들어갔고, 그를 물류와 운송을 담당하는 부서로 보내기로 결정했다. 새로운 부서에서 그가 맡은 업무는 사람보다 제품에 중점을 두어야 하는 일이었다. 그는 지금까지 그 자리에서 맡은 일을 훌륭히 해내고 있으며 회사에도 크게 기여하고 있다. 그의 상사들은 평범 수준의 관리자에 만족하지 않았던 덕분에 물류와 운송에 탁월한 인재 한 명을 새로 얻게 되었다.

이런 말은 지겨울 정도로 자주 들어봤을 것이다. 팀을 알려면 팀원들이 필요로 하는 것을 먼저 알아라. 직원 한 사람 한 사람에 대해 리더가 꼭 알아두어야 할 정보 목록은 아래와 같다.

1. 직원의 배우자나 중요한 관계를 맺고 있는 사람들의 이름

2. 아이들 이름과 나이

3. 업무 외적으로 즐기는 일

　❶ 일 외에 즐겨하는 활동 세 가지

　❷ 이 세 가지 영역에서 이룬 성취 수준

　❸ 그가 받은 특별한 상이나 인정받았던 부분

4. 그의 자녀가 잘하는 것 한 가지

5. 직원이 다음 위치로 생각하고 있는 것

　❶ 스스로 생각하기에 언제쯤 그 자리를 맡을 준비가 될 것이라고 보는가?

　❷ 그의 생각과 당신의 평가는 어느 정도 일치하는가?

　❸ 회사가 문을 닫게 된다면 그는 어떻게 할까?

6. 그가 돈을 투자하는 곳은 어디인가?

7. 그가 가장 두려워하는 일 세 가지는?

위의 질문에 대한 답을 전부 알고 있다면 당신이 지을 건물의 기둥은 견고하게 세운 셈이다. 가장 중요한 것은 이를 통해 직원들이 원하는 것이 무엇인지 파악할 수 있다는 점이다. 성공적으로 현재의 업무를 수행하고, 미래의 위치까지 올라서기 위해서 먼저 교육이나 훈련을 받아야 할 직원이 있을 수도 있다. 개인 사정으로 돈이 절실하게 필요한 직원도 있을 수 있다. 지금 하고 있는 일에 권태감을 느끼기 시작한 직원이라면 새로운 도전 기회를 필요로 하고 있을 것이다. 팀원 각각에 대해 알고 나면 그가 필요로 하는 것이 무엇인지, 그리고 최상의 다음 단계가 무엇인지를 결정할 수 있다.

최상의 다음 단계를 결정하라

테네시 대학교 레이디 발런티어스(Lady Volunteers)의 수석 코치인 패트 서미트(Pat Summitt)는 NCAA(National Collegiate Athletic Association, 미국 대학체육협회-역주)에서 선정한 최다 우승을 기록한 코치이기도 하다.[5] 그녀는 『정상을 향하여(Reaching for the Summit)』에서 선수들 사이에서(나는 '모든 직원들 사이' 라고 덧붙이고 싶다.) 자연스럽게 벌어지던 한 가지 현상에 대해 말하고 있다. 바로 '매너리즘 현상'이다. 서미트는 항상 선수들을 위해 최상의 다음 단계를 모색하는 사람이었다. 그래서 그녀는 매너리즘에 빠진 선수들에게 안전지대를 박차고 나와 보다 발전적 실력 향상을 향해 나아가도록 만들었다. 그녀가 예로 든 메리 오스트로브스키(Mary Ostrowsky)에 대한 이야기는 특히 나에게 깊은 감동을 주었다.

메리는 튼튼하게 기본기를 쌓은 선수였다. 하지만 그녀는 공을 넣는 데는 그다지 공격적인 편이 아니었다. 오히려 상당히 수동적인 성향을 보였다. 골대 바로 밑에 있을 때조차도 다른 선수에게 공을 패스해버리곤 했으니까 말이다. 1983년 12월, 우리 팀은 롱비치 스테이트(Long Beach State)와 격전을 벌이고 있었다. 경기종료 시간이 얼마 남지 않은 상황에서 우리는 메리가 프리드로우 라인에서 오픈 샷을 넣기로 마지막 승부수를 계획했다. 그러나 정작 공을 잡은 그녀는 동료선수인 린 콜린스에게 패스하려다가 그만 실책을 범하고 말았다. 경기는 결국 패배로 끝났다.

그 후 나는 기필코 메리가 슛을 넣도록 만들겠다고 결심했다. 협박도 하고 달래기도 했다. 나는 그녀가 공을 그냥 패스해버릴 때마다 전력질주를 하는 벌을 내렸다. 그리고 그녀에게 게임당 최소 10개 이상의 슛을 요구했다.

그녀는 졸업년도에 게임당 평균 17.8점을 기록했고, NCAA 최종 4강 준결승게임에서 31점이라는 놀라운 기록도 남겼다. 우리 팀은 이틀 후에 벌어진 결승전에서 사우스캐롤라이나 대학교에 지는 바람에 아쉽게도 2위를 차지했다. 하지만 메리는 NCAA 최종 4강 팀을 만들어낸 주역이었다.[6]

패트 서미트는 자기 선수에게 필요한 것이 무엇인지 — 공격적 슛 — 를 알고 있었고, 최상의 다음 단계 — 선수에게 공격적으로 슛을 넣게 하는 것 — 를 결정했다. 그녀는 다른 접근방식을 사용할 수도 있었다. 그저 평균치에 머무는 메리의 슈팅 능력을 받아들이면 그만이었다. 그러나 서미트는 메리를 위한 최상의 다음 단계로 그녀를 더 나은 슈터로 만들 결심을 한다. 그 결과 메리는 선수 개인으로서 이룬 성공뿐 아니라 게임 기록을 갱신하며 소속 팀을 최종 4강에 진입시키는 영광을 안게 되었다. 팀으로서는 기본기가 뛰어난 선수를 최대한 활용해 경기에서 고득점을 올리며 승리하는 결과를 가져온 셈이다.

당신의 팀원에게 최상의 다음 단계는 정시출근을 하도록 하거나, 그가 항상 놓치는 기한을 지키게 하는 일이 될 수도 있다. 또는 그에게 프로젝트에서 리더 역할을 수행하도록 맡기거나, 맡은 역할에 대해 심화 트레이닝을 받게 하는 일 등이 될 수도 있다.

선수 계발 계획을 수립하라

선수 계발 계획이야말로 각 개인에 맞는 최상의 다음 단계를 결정하고 기록할 수 있는 탁월한 방법이다. 패트 서미트처럼 유능한 리더, 그 이상의 리더는 팀원들의 재능 계발에 대해 항상 고민하는 사람이다. 사람을 효과적으로 코치하기 위해서는 하루나 일주일, 한 달 후처럼 눈앞의 업무에만 관심을 가져서는 안 된다. 당장 눈앞에 닥친 일을 해내는 것뿐 아니라 선수의 능력 계발에도 지속적으로 신경을 써야 한다. 당신의 선수들에게도 이렇게 제안해보라. 지금 하는 일을 좀 더 잘 해낼 뿐 아니라 미래에 원하는 일을 성취하기 위해 지금부터 준비하자고.

이를 실천하기 위해서는 다음과 같은 네 단계의 행동을 기억하라.

- 유지하라 : 이미 잘 하고 있는 영역이다. 계속 전진하도록 이끌면 된다.

- 가속시켜라 : 잘 하고 있지만 지금보다 양이나 질적으로, 그리고 속도 면에서 좀 더 향상될 여지가 남아있는 영역을 말한다. 각자에게 알맞은 속도를 찾아주면 된다.

- 시작하라 : 지금 하고 있지는 않지만 해야만 하는 영역을 뜻한다. 지금 바로 시작하라.

• 중지시켜라 : 현재 하고 있지만 중지시켜야 할 영역이다.
즉각 중단시켜라.

아래의 표는 내가 우리 회사 직원 한 사람의 발전 상황을 추
적하기 위해 만든 것을 예로 제시한 것이다. 각 직원의 현재 위
치에 대한 분류와 앞으로 도전할 위치까지 도달하기 위해 필요
할 준비사항, 즉 보강할 점까지도 포함시킬 것을 권하고 싶다.
그리고 이런 표는 직원이 직접 보고 활용하도록 하는 것이 좋다.

● 능력 계발 계획표

성명 : _________________   코치 : _________________

단계	현재 업무	보강할 점
유지하라		
가속하라		
시작하라		
중지시켜라		

무슨 비밀 노트가 아니다. 직원 각자가 당신과 협의할 것이 있거나 자신들의 진척 상황을 직접 확인하고 싶을 때 활용할 수 있는 아주 중요한 개별 로드맵이 되어야 한다.

여백을 비워둔 빈 표에 당신의 상황을 모델로 내용을 채워보기 바란다. 도움이 되도록 내가 이전에 작성한 표를 예시로 덧붙였다. 아래 예시에 등장한 직원 CJ의 경우 말단 직원으로 업무를 시작해 지금은 CEO급으로 성공했다. 지금의 위치에 올라서기 위해 그동안 그는 추가적인 업무 관련 훈련부터 야간 학교, 컴퓨

● CJ의 능력 계발 계획표

성명 : CJ　　　　　　　　　　　코치 : 척

단계	현재 업무	보강할 점
유지하라	– 일과 처리내용 : 기한 내 현금 입금, A/R, A/P – 아웃소싱 임금지불업체 감독	– 부하직원 관리 : 기간별 보고서, 수금 여부 – 투자수익(ROI) 및 투자계정 관리
가속하라	– 비용 절감 및 분석 프로젝트를 찾아 완성할 것 – 위임할 수 있는 업무 찾기	– 특정 재무 영역의 기술 향상 – 재무 관련 소프트웨어 및 트레이닝 선별 조사
시작하라	– 자금 흐름 예측에 대한 이해도 및 참여도를 높일 것 – 재무 외적 업무를 담당할 파트타임 직원 채용	– 이윤 증대를 위한 재무적, 전략적 기술을 CEO/COO에게 분석해주고 추천할 것
중지시켜라	– 업무 특성상 재무 관련 업무 이외의 임무는 중단 및 위임	– 비용 절감 및 이윤 증대 영역은 저임금 인력에서 투자수익이 높은 인력으로 교체

터 입문 및 소프트웨어 과정, 재무 및 투자 전략 중급과정 등 업
무 수행에 필요한 여러 가지 교육을 이수했다. 지금 그는 일상적
인 경영관리는 물론 급여, 세금, 연금 기획, 인사, 유가증권과 부
동산 투자 등 다양한 업무를 총괄하고 있다.

더 뛰어난 직원으로 만드는 일은 모든 유능한 리더, 그 이상의 리더의 도전인 동시에 기회로 작용한다. 유능한 리더는 자신의 팀에 대해 나약함을 허용하지 않는다. 대신 적극적으로 문제에 접근하고, 팀의 현재 성과나 미래의 성장을 자신의 개인적인 책임으로 받아들인다. 당신의 팀원은 누구나 강점과 약점을 갖고 있다. 그러나 당신의 적극적이고 책임 있는 리더십을 통해 그들의 잠재된 능력을 끌어내고 약점을 보완해 더 나은 인재가 되도록 도울 수 있다. 그 구체적인 방법은 다음과 같다.

- 새로운 직원을 채용할 때는 현재 보유한 인력보다 우수한 인재를 채용하라.
- 조직 내 암세포를 제거하라.
- 보유하고 있는 직원을 코치하라.

4

직원의 눈높이에서 대화하라

THE BETTER PEOPLE LEADER

팀장으로서 겪게 되는 한 가지 딜레마가 있다. 괜찮은 인재인데도 이렇다 할 성과를 내지 못하는 직원이 있다고 가정하자. 당신은 그가 능력과 재능이 있고 지금보다는 더 많은 기여를 할 수 있는 직원임을 알고 있다. 그런데 웬일인지 그는 그 자리에 그저 머물러 있다. 직원들이 당신의 요구에 부합하지 못하는 이유는 다음의 네 가지 원인 때문이다.

1. 할 수가 없다 : 능력이나 적성이 맞지 않는 경우

2. 할 생각이 없다 : 열정이 없는 경우

3. 방법을 모른다

4. 무엇을 해야 할지 모른다 : 상사가 바라는 바를 파악하지
   못하는 경우

일단 원인을 파악한 다음에는 그들 자신이나 팀의 성공을 위해 올바른 방향으로 코치해 나가는 단계별 접근이 필요하다.

 자기에게 맡겨진 일을 아예 할 수 없는 사람들이 있다. 그들은 할 능력도, 기술도 없다. 때로는 적성이 맞지 않기 때문에 그럴 수도 있고, 꼭 필요한 자격증이 없을 수도 있다. 이유를 불문하고 그저 그 일을 할 능력이 없는 것이다. 누가 나에게 외과 수술을 하라고 한다면 분명히 내 대답은 '못하겠다'가 될 것이다. 누가 나에게 자기 변호사가 되어달라고 해도 역시 같은 대답을 할 것이다. 데이터베이스를 구축해달라고 해도 답은 마찬가지다. 내겐 그런 일을 할 자격도, 트레이닝도, 필요한 기술도 전혀 없으니까 그냥 할 수가 없다. 물론 나한테 수술 요청을 하기 전에 내가 의대를 나왔는지 확인부터 해야겠지만 말이다.

누구나 한번쯤은 부서 내의 어떤 직원이 예상과 달리 맡은 임무를 수행해내지 못하는 경우를 본 적이 있을 것이다. 이럴 때 유용한 몇 가지 선택이 있다.

그 중 하나는 그에게 다른 일을 맡겨보는 것이다. 그가 해낼 수 있는 일을 면밀히 검토한 후 팀에서 현재 필요한 다른 업무를 찾아 그에게 맡기는 것이다. 예를 들어보자. 누군가에게 프로젝트팀을 맡겼다고 치자. 그런데 그가 제대로 해내지 못한다. 사실 알고 보니 그는 프로젝트 매니저보다는 소프트웨어 개발에 재주가 있는 사람이다. 그렇다면 그는 팀에 남겨두되 수석 엔지니어의 역할을 주고 전체 프로젝트의 총괄은 다른 인물에게 맡기면 된다. 재능에 맞지 않는 일을 맡은 게 죄일 뿐인데 그의 능력까지 잃어서야 되겠는가?

그러나 어떤 경우에는 그 사람의 능력 자체를 포기해야 하는 때도 있다. 그 자리에 채용된 목적대로 제 기능을 하지 못하는 사람이라면 불가피하게 다른 사람으로 그 자리를 대체해야 할 것이다. 조직 내의 암세포는 제거하라는 원리가 여기에 해당한다.

그런데 종종 이런 경우도 발생한다. 당신의 잘못된 판단으로 승진을 하거나 다른 업무를 배정받아 '할 수 없는' 직원이 되어버린 경우라면 얘기는 달라진다. 그런 경우라면 당신은 다시 팀원에 대해 공부를 좀 더 해야 할 것이다. 혹은 직원을 뽑을 때 허술하게 면접을 봤거나 이력서 검토를 잘못하는 바람에 들어와서는 안 될 사람을 실수로 뽑았을 수도 있다. 그렇다면 앞서 나온 올바른 인재채용 요령을 다시 한 번 공부해야 할 것이다. 채용 과정이나 기준의 오류 때문에 적임자가 아닌 사람을 자리에 앉히는 실수를 범해선 안된다.

어떤 조직에나 의견 조율이 안 되는 고집이 무척 센 사람이 있다. 또 반항적이거나 게으른 사람도 있다. 어쩌면 단지 내키지 않기 때문일 수도 있다. 이유가 무엇이든 직원이 자신에게 맡겨진 일을 해내지 않는 데는 그 밑바탕에 깔린 동기부여에 뭔가 문제가 있는 것이다. 그들이 뭔가 행동을 취하도록 부추기는 동기부여가 결여되어 있다는 뜻이다.

강력한 직업윤리로 무장해 하루도 빠짐없이 자기의 에너지 110퍼센트를 발휘하는 직원만 있다면 좋겠지만, 이건 어디까지나 희망사항에 불과하다. 나만 하더라도 이런 철썩 같은 기대를 받으면서 일했다면 벌써 실직자가 되었을지도 모른다. 내가 설립한 더 게임 오브 워크는 사람이 어떤 상황에 부닥쳐 있느냐에 따라 동기부여에 커다란 차이를 보인다는 전제를 기본 원리로 삼고 있다. 이런 동기부여야말로 일을 포함한 여러 영역에서 자신이 지닌 최상의 능력을 발휘하도록 사람을 붙잡아 매는 힘을 갖고 있다.

동기부여는 우리가 어떤 행동을 하게 하는 원동력이다. 당신이 직원들의 동기 — 그들을 행동하고 싶게 만드는 이유 — 에 더 많은 비중을 둘수록 그들에게 동기부여를 하기도 그만큼 쉬워진다. 다시 한 번 직원을 제대로 알아야 하는 이유가 여기 숨어있다.

동기부여에서 가장 중요한 점은 동기부여를 할 대상을 바로 인식하는 것이다. 즉 단체의 목표달성에 도달하려면 해당 단체를 동기부여 대상으로 삼고 계획을 세워야 하고, 사람이 동기부여 대상일 때는 그 개인에게 맞추면 될 것이다. 비즈니스 현장에서는 대부분 두 가지 모두를 동시에 병행해야 한다.

그렇다면 어떤 것이 직원들에게 동기부여를 하는 것일까? 이를 알아보고자 다양한 테크닉을 동원할 수 있을 것이다. 프로필 검토부터 관찰, 혹은 그들의 대화를 살짝 엿듣는 방법도 있다. 하지만 역시 가장 효과적인 방법은 그들에게 직접 묻는 것이다.

"이것이 당신이 이번에 수행해야 할 일입니다. 당신이 이 일을 성공적으로 수행하는 데 협조가 필요한 일이 있다면 기탄없이 말해보세요."

이런 식으로 직원에서 접근하면 놀라운 정도로 많은 사실을 알게 된다. 상황에 따라서는 그저 상사가 자신에게 원하는 것을 물어준 것 자체에 대해서만도 그들은 놀라움을 표현할 것이다. 왜냐하면 이전에는 그 누구도 이런 질문을 물어온 적이 없기 때문이다. 자신의 생각과 아이디어에 귀 기울여주고, 그것을 실행으로 옮기는 데 자신을 도와줄 누군가가 존재한다는 사실만으로도 이미 그들에게는 충분한 동기부여가 되는 셈이다.

팀원 각자가 자신에게 맞는 동기부여 요인을 당신에게 알려준다면 그에 대한 당신의 반응도 다양해질 것이다.

'조안이 그동안 프로젝트에 오랜 시간을 매달리며 애써왔는데 이번 주 금요일에 휴가를 쓰도록 배려하면 어떨까?'

상사의 이런 배려는 조안이 그동안 기울인 수고에 대한 작은 보상이다.

'팀은 잠깐씩 짬을 내어 학교에 다니고 싶어 하는데 업무시간을 좀 유연하게 조정해줄 필요가 있겠어.'

이렇게 함으로써 팀이 달성한 성과목표에 대한 보상을 제공해주는 셈이다.

메리가 회사에서 좀 더 성장하고 싶은 마음을 표현했다면 그녀에게 추가적인 훈련을 받도록 하거나 흥미를 보이는 프로젝트에 참여할 기회를 제공하면 좋을 것이다. 존은 내년에 가족과 함께 제대로 된 휴가를 보내고 싶어 한다. 그렇다면 그에게 성과급 보너스를 받을 기회를 제공하는 일이야말로 가장 효과적인 동기부여가 될 것이다.

여기서 한 가지 사실 — 물론 자주 일어나는 일은 아니지만

─을 인정해야만 할 것 같다. 우리는 가끔 태도에 문제가 있는 사람을 접하게 된다. 어떤 사람은 아무리 해도 소용이 없다. 그들은 동기부여 따위에는 관심도 없고, 맡은 업무를 제대로 해내기를 바라는 당신의 바람에도 전혀 꿈쩍도 하지 않는다.

마이크가 바로 그런 사람이었다. 그는 한 생산시설에 매니저 역할로 채용되었다. 원래 그는 자기 일에 의욕적이고 열정적인 사람이었다. 그러나 얼마 지나지 않아 작은 도시로 전근하게 되었다. 마이크는 솔직히 전근이 반갑지도 않았고, 새로운 상사도 마음에 들지 않았다. 새로운 상사는 독불장군처럼 행동하는 사람으로 팀플레이라는 것을 전혀 몰랐다. 이때부터 마이크는 새로운 환경에서 일하면서 소위 '할 생각이 없는' 직원이 보이는 무성의한 태도로 일관하기 시작했다. 업무는 물론 동료 직원과 관계도 심한 징계조치를 받을 정도까지 악화했다. 결국 그는 불(不)복종에 가까운 독자적인 태도로 일관했고, 그런 근무태도를 용납할 수 없었던 회사는 그를 해고할 수밖에 없었다. 나중에 마이크는 우리 회사의 고객사 중 한 곳에 재취업되어 새로 일을 시작했다. 하는 일은 기본적으로 비슷했지만 상사나 근무 환경은 매우 달랐다. 마이크의 열정이 다시 살아났고, 강한 동기부여를 회복한 그는 옮긴 회사에서 최고의 성과를 내는 직원으로 탈바꿈했다.

여기서 우리가 얻는 교훈은 두 가지로 요약할 수 있다. 첫째, 같은 사람이라도 어떤 상황에서는 동기부여가 되지 않을 수 있다. 둘째, 경우에 따라서는 직원에게 원인이 있다기보다는 리더의 문제 때문에 발생한 결과일 수 있다.

훈련 기회를 제공하라

어떤 일을 할 능력이 안 된다는 것과 그 일을 할 방법을 모른다는 것은 근본적으로 다르다. 방법을 모르는 경우에는 훈련만 받는다면 터득할 수 있다.

수술실에서 수술을 집도하는 내 모습을 한번 상상해보라. 환자의 무릎을 인공무릎으로 교체하는 법이나 동맥에 바이패스(Bypass, 혈관 보조관-역주)를 시술하는 방법 등은 훈련을 통해 기술적으로 습득할 수 있다. 하지만 고용주 입장에서 생각하면 나에게 그런 훈련을 시키는 것은 비경제적인 행위가 될 것이다.

그렇지만 당신의 회사에는 훈련 기회만 준다면 어떤 일이든 충분히 잘해낼 팀원이 있다. 약간의 소프트웨어 훈련만 제공하면 되는 간단한 경우도 있다. 사내 데이터베이스를 구축하고 관리할 사람이 필요하다면 관련 컴퓨터 프로그램 교육에 누군가 적당한 직원을 보내 훈련받게 하면 된다. 이보다 좀 더 힘들고 모호한 경우도 있다. 당신이 누군가에게 지사의 마케팅 책임을 맡기고 싶은데 적임자라고 머리에 떠오르는 그녀는 브랜드화 경력이 더 풍부하다. 이때 당신이 할 일은 그녀에게 지사 마케팅 담당 직원들과 함께 일할 기회를 제공하고 컨퍼런스에 자주 참석하도록 하거나 관련 잡지를 구독해 보거나 필요한 책을 사서 공부하게 하는 방법을 동원할 수 있을 것이다. 그녀는 할 수 있는 능력은 있지만 방법을 모르고 있으니까 말이다. 그녀를 훈련하는 일이 바로 당신의 몫이다.

그녀가 자신의 상황에 딱 맞는 훈련을 받도록 해야 함은 물론이다. 이를 위해 몇 가지 기본적인 평가가 필요하다. 먼저 그녀의 기본적 기술을 알아보고, 여기에 더 필요한 내용이 무엇인지 목록을 작성한 후 우선순위를 정하는 것이다. 우선순위 목록을 활용해서 그녀가 받아야 할 훈련의 순서와 시간을 세우고 그녀를 독려할 수 있다. 코치로서 당신은 개별적으로 직접 시범을 통해 작업하는 것이 좋다. 만약 그렇게 할 수 없는 경우라면 누구든 할 수 있는 사람에게 배우게 한다. 그리고 정기적으로 그녀가 성취목표에 근접하고 있는지 점검해야 한다.

우리 회사 영업부에 인턴사원을 채용한 적이 있다. 우리가 뽑은 인턴사원은 영업에 필요한 매우 우수한 자질을 가지고 있었다. 경영대학원에서 공부하는 학생이었던 버크는 올림픽에

출전해도 될 만큼 운동 실력도 뛰어났다. 그는 우리 회사에 대해 대단한 관심을 표시했고 게임 오보 워크에 관한 모든 것을 배우고 싶어 했다. 분명히 자기 일에 대한 성공 욕구가 강한 사람처럼 보였다.

그래서 우리는 그에게 필요한 모든 훈련을 제공했다. 전화 통화하는 요령부터 대본 활용법, CEO와 그들의 비서나 직속 부하들과 적절하게 대화하는 요령, 계약을 마무리 짓는 비법 등에 이르기까지 그에게 필요한 모든 툴을 알려주었다. 그런데 전화 통화 업무를 시작한 첫날 그는 한 통화도 제대로 해내지 못했다.

그의 상사는 혹시 모르는 부분이 있는지, 아니면 뭔가 다른 도움이 필요한 것인지 버크에게 물었다. 버크의 대답은 "아닙니다."였다. 그에게 더 필요한 기술은 없었다. 나중에 밝힌 버크의 고백에 따르자면 그는 단지 CEO와 통화하는 일 자체가 편안하지 않고 자신이 없다는 것이다.

이런 경우 상사가 해야 할 일은 업무적인 책임을 상기시키는 정도를 뛰어넘어, 즉 그를 코치하는 일이다. 버크에게 부족한 점은 바로 자신감이었다. 그의 상사는 이 부분에 관여하기 시작했다. 상사는 버크에게 잠재적 고객을 설득할 만한 능력이 충분하다고 격려와 확신을 심어주었다. 그리고 그에게 인턴 기간에 달성 가능한 일의 양과 질을 명확히 제시해주었다. 아울러 버크가 더 게임 오브 워크의 원리를 잘 이해하고 그 결과 CEO들에게 다가가는 일이 어떻게 가능한지 터득하도록 도왔다.

이런 코치를 통해 버크는 자신에게 부족한 자신감을 얻게 되었고, 인턴 생활을 성공적으로 마칠 수 있었다. 그는 이 경험을 살려 다른 기업의 인턴십에 활용했다. 버크가 선택한 곳은 거대한 다국적기업이었는데, 그는 이곳에서 '올해의 인턴사원'으로 뽑히는 영광을 안게 되었다. 버크는 우리와 함께 일하는 동안 받았던 코치의 덕을 톡톡히 본 것이다.

정확한 방법과 목표를 제시하라

'무엇' 이야말로 가장 풀기 쉬운 문제다. 당신이 무엇을 원하는지 몰라서 맡긴 일을 제대로 못하는 직원이 있다. 당신은 원하는 게 무엇인지 그에게 얼마나 분명히 전달했다고 생각하는가? 정말 그가 당신의 의도를 제대로 이해해 꼭 집어 말할 수 있을까? '알겠습니다.' 라고 대답만 하고 말하지 않고 넘어가는 부분은 없는가?

'무엇' 은 분명하게 정해진 목표와 제대로 만들고 실행으로 옮긴 점수 카드, 능력 계발 계획 등을 통해 해결될 수 있다. 팀 전체에 대한 점수 카드를 만들거나 어떤 목표를 정할 때 구체적이고 명확한 목표치를 제시하는 것을 겁내서는 안 된다. 이렇게 한다고 해서 직원들을 유치원생처럼 취급하는 건 아니니까 말이다. 당신은 그들이 달성해야 할 목표치를 설명할 때 모호하게 제시하는 것보다는 차라리 지나치게 분명해서 탈이 되는 편이 더 낫다.

그러나 여기서 주의해야 할 일이 있다. 섣부른 판단은 자칫 잘못된 결과를 낳는다는 점이다. 훈련이 필요한 직원에게 해고 조치로 대응하거나, 동기부여가 필요한 사람에게 힘든 훈련을 시킨다든지, 정작 해고해야 할 직원에게 새로운 목표를 설정해 주는 등의 오류를 피해야 한다. 처방하기 전에는 먼저 신중한 진단이 있어야 한다. 이런 실수를 철회하느라고 겪을 당혹감을 피하려면 말이다. 이런 말도 있지 않던가? 재는 건 두 번에, 자르기는 한 번에!

'일 하고 싶은' 환경을 제공하라

잠재력이 있는 직원이 그에 상응하는 성과를 올리도록 만드는 또 다른 비결은 두 가지다. 그 중 하나는 바로 '왜?'가 지닌 힘을 활용하는 것이다. 직원들이 일을 왜 기대치만큼 해내지 못하는지 그 원인을 이해하고 대화로 해결할 생각이라면, 우선 우리는 생산성과 동기부여에서 중요한 원리 한 가지를 이해해야 한다. 나는 이것을 일명 '해야만 하는' 환경 대 '하고 싶은' 환경이라고 부른다.

해야만 하는 환경에서 직원은 피해의식을 갖게 된다.

"8시까지 출근해야 해."

"상사한테 월별 보고서를 작성해서 올려야만 해."

"하루에 15차례나 콜드콜(Cold Call, 보험이나 투자신탁 따위의 가입권유 전화 –역주)을 해야 해."

나는 이것도 해야 하고, 저것도 해야 한다. 나에게는 다른 선택의 여지가 없다. 나는 회사의 이런저런 정책으로 말미암은 피해자일 뿐이다.

모든 직장에는 불가피하게 어느 정도의 '해야만 하는' 일들이 존재한다. 그렇다. 해야만 하는 일들이 엄연히 있고, 우리는 그 일을 해내야 한다. 그러나 너무도 많은 관리자들이 이 상황을 그저 기정사실로 받아들이고는, 그걸로 끝이다. '하고 싶은' 환경을 만들면 되는 데도 말이다.

이를 위해 우선 대화하는 방법부터 생각해보자. 누군가 우리에게 어떤 일을 맡길 때 보통 다음의 세 가지 질문을 하게 된다.

1. 왜 이 일을 해야 합니까?
2. 언제까지 하면 됩니까?

3. 어떤 방법으로 하면 됩니까?

세 가지 질문 중 제일 듣고 싶지 않은 답은 '방법'에 대해서이다. 나 역시도 누가 나에게 일일이 어떻게 하라고 방법을 지시하는 것을 싫어한다. 상사가 내 지능지수를 의심하는 게 아닌가 하는 기분이 들기 때문이다. 누군가 나에게 이렇게 저렇게 하라고 하는 것은 바로 내가 혼자 힘으로는 방법을 못 찾을 거라고 말하는 거나 마찬가지라는 생각이 든다. 그러나 내가 그 방법을 알고 싶어서 내 돈을 내고 있거나 스스로 요청한 경우라면 완전히 다른 얘기가 된다. 내가 만약 스키 강사나 회계사, 혹은 개인 트레이너를 돈을 주고 고용했다면 나는 그들의 방법에 따를 의향이 있다는 소리다. 그렇지만 부탁한 적도 없는 방법에 대해서는 절대 사양이다.

반면 '왜?'에 대한 질문에 대해서는 누구나 답을 들으려고 한다. 우리는 모두 이유를 알고 싶어 하니까! 어떤 전후 사정인지가 궁금한 것이다. 무슨 일을 해야 하는지, 그리고 그것을 어떻게 해야 하는지는 전후 사정을 알려주는 게 아니라 지시를 내리는 셈이다. 하지만 '왜?'에 대한 답을 알고 나면 더 큰 그림을 이해할 수 있다. 이를 통해 우리가 하는 일이 전체 큰 그림을 완성하는 것에 이바지한다는 사실을 깨닫는다. 작은 톱니바퀴에 불과한 존재가 아니라 공헌자가 된 기분이 든다.

우리가 '왜?'에 대해서 듣고 싶어 하는 또 다른 이유는 바로 우리도 중요한 사람이라고 느낄 수 있기 때문이다. 중요하다고 생각되는 사람에게는 보다 자세하고 친절하게 이유를 설명하기 마련이다. 반대로 별로 중요하지 않다고 생각되는 사람에게는 그저 할 일과 방법을 말할 뿐이다. 당신의 팀원은 '왜?'에 대한 답이 필요한 중요한 사람인가, 아니면 그저 방법을 말해주면 되는 대상에 불과한가?

당신의 팀원은 모두 '왜?'의 덕을 볼 충분한 가치가 있는 사람들이다. 미국 노동부의 보고서에 따르면 근로자들이 직장을 떠나는 주된 이유는 자신이 인정받지 못한다고 느끼기 때문이라고 한다.[1] 커리어빌더(Careerbuilder. com)의 설문조사를 살펴보면 직장인의 43퍼센트는 고용주가 자신의 가치를 제대로 모르고 있다고 대답한 것으로 나타났다.[2]

왜 이번 일이 성취되어야 하는지, 혹은 왜 어떤 일이 바뀌어야 하는지를 이야기할 기회를 제공하기만 해도 직원들의 동기부여 및 업무를 대하는 태도가 달라질 수 있다. 단순히 토론의 장을 제공한 것뿐이지만 그 영향력은 해야만 하는 상황에서 하고 싶은 상황으로 바꿀 만큼 커다란 위력을 보인다.

　잠재력을 지닌 직원이 그에 상응하는 성
과를 올리도록 하는 또 한 가지 비결은 바로 상식을 통해서다.
우리는 상식이란 말을 자주 사용한다. 마치 모든 사람에게 똑같
이 정해진 일정 수준의 의식이 있기라도 한 것처럼 말이다. '나
라면 이 상황에서 이렇게 했을 거야'라고 당신이 생각하는 대로
다른 사람 역시 똑같이 해야만 그가 상식적인 사람일까? 대부분
의 사람들 생각은 그렇다.

그러나 사실 이 상식이란 것이 좀처럼 상식적이지 않으니까
문제다. 우리는 자라온 환경이나 배경, 경험, 교육 수준, 신념,
가치 체계 등이 모두 다르다. 엄밀히 말해서 보편적으로 어디서
나 통용되는 상식이란 것은 찾아보기 어렵다.

그러므로 상식은 타고나는 것이 아니라 후천적으로 교육된
다고 할 수 있다. 당신이 보편적 지식, 열정, 태도, 팀 문화 등을
창조하는 주체다. 상식은 말 그대로 일반적으로 동의가 이루어
진 가치나 원리, 철학일 뿐이다.

예를 하나 들어 설명을 마무리하자. 리츠칼튼 호텔은 세계적
수준의 고객 서비스로 유명하다. 그런데 이것은 우연한 결과가
아니다. 이 명성은 회사 차원에서 의도적으로 수년 동안 그들만
의 상식과 비전을 개발해온 결과다. 리츠칼튼 호텔에 입사한 신

입 사원은 첫해에만 310시간의 훈련을 받아야 하고, 이후 해당 부서의 트레이너가 신입 사원이 맡은 일을 성공적으로 수행하는 데 필요한 모든 기술과 지식, 그리고 기준에 들어맞는지를 점검한다.[3] 그 후로도 해마다 100시간 이상의 고객 서비스 훈련을 이수해야 한다. 이렇게 의도적으로 반복된 훈련을 통해 모든 직원이 마침내 리츠칼튼식 서비스 마인드를 체득하게 된다.[4]

리츠칼튼 직원들은 '골드 스탠더드(Gold Standards)'라는 서비스 신조를 암송하고 자기 걸로 삼아야 하는데 그 속에는 기업의 신조, 모토, 3단계 서비스, 서비스 가치, 직원 서약 등이 포함되어 있다. 그 중에는 이런 문구가 눈에 띈다.

"리츠칼튼에서 근무하는 우리는 고객의 안녕과 편안함을 최대 사명으로 삼는다."

"나는 고객의 명시적 또는 암묵적 모든 필요와 바람에 대해 항상 응할 태세가 되어 있다."

"신뢰와 정직, 존경, 성실과 헌신의 원칙을 갖고 우리는 내 자신과 회사의 이익을 위해 우리가 가진 모든 재능을 기르고 최대로 발전시키겠다."[5]

이 선서는 리츠칼튼 직원들 사이에서 그들만의 상식을 세우고자 고안된 것이다. 이런 원리들은 일단 이해와 내면화의 과정을 거친 후에는 직원들의 사고방식 전체에 영향을 미친다. 리츠칼튼 호텔이 고객 서비스와 관련한 상식에 대해 내린 정의는 추상적인 것이 아니다. 해마다 수백만 달러를 들여 직원들을 교육하고 실천에 옮기는 매우 구체적인 그 무엇이다. '무엇'과 '어떻게'에 대한 세부적 계획을 수립할 뿐 아니라 그들은 '왜?'에 대한 답까지 아주 명백하게 제시하고 있다.

"우리는 신사와 숙녀로서 또 다른 신사와 숙녀인 고객을 모시는 사람들이다."[6]

그 결과 리츠칼튼은 고객 서비스에 대한 찬사를 셀 수 없을 정도로 많이 받고 있다. 커스터머리포트(Customer Reports)와 J.D. 파워 앤 어소사이어트(J.D. Power & Associates)가 선정한 럭셔리 호텔 1위의 영광을 안았을 뿐 아니라 포브스(Forbes) 지가 선정한 최상의 비즈니스호텔로 등극했고, 트래블위클리(Travel Weekly) 지가 선정한 럭셔리 호텔 부문 소비자대상을 수상하기도 했다. 호텔업계 최초로 미국 상무부에서 수여하는 말콤 발드릿지 내셔널어워드(Malcolm Baldrige National Award)를 받는 영예도 누렸다. 서비스 업체 중에서 이 상을 두 번이나 받은 회사는 리츠칼튼 호텔이 유일하다.[7]

직원이 당신이 맡긴 일을 해내지 못하는 이유는 아래의 원인 중 하나 때문이다.

- 할 수가 없다.
- 할 생각이 없다.
- 방법을 모른다.
- 무엇을 해야 할지 모른다.

일단 원인을 알았다면 그들을 올바른 방향으로 코치하는 단계가 있는데 첫째는 '왜?'의 힘을 활용하기와 둘째는 상식을 개발하기를 통해서다. 우리는 왜 그 일을 해야 하는지 이해할 때 일할 의욕도 생긴다. 이를 통해 해야만 한다는 마음이 하고 싶다는 마음으로 변화될 수 있다. 일을 해야 하는 이유를 알 때 팀 내에서 통용되는 상식이 만들어진다. 팀원들 사이에서 일반적 동의를 얻은 가치, 원리, 철학으로 이루어진 그들만의 상식을 만들어 팀 차원의 성공을 위해 서로 배우고 가르칠 수 있게 된다.

5

점수기록 시스템으로 관리하라

THE BETTER PEOPLE LEADER

유능한 리더, 그 이상의 리더에게 가장 가치 있는 툴 중 하나는 점수기록 시스템이다. 정확하게 만들어진 점수 카드를 통해 상식을 세울 수가 있을 뿐 아니라, 어떤 이유에 대해 설명을 할 수 있고 아울러 동기부여 수단이 되기도 한다. 또한 당신이 팀에게 기대하는 바를 명확히 알릴 수 있는 방법이기도 하다. 무엇보다도 이것은 직원들에게 성공을 위한 길잡이 역할을 한다.

조지 오디온(George Odiorne)은 목표 관리를 처음으로 주창한 사람으로 이런 말을 남겼다.

"측정할 수 없는 대상이라면 관리도 불가능하다."

나는 여기서 한 단계 더 나아가 이렇게 생각한다.

'측정하지 않는 대상에 대해서는 관리도 불가능하다.'

점수를 기록하는 것은 측정의 한 방법이다. 그러나 이 두 가지는 근본적인 차이가 있다. 나는 측정하기보다는 점수를 기록하는 편을 택하고 싶다. 그 이유는 누구나 점수를 매기는 건 좋아하지만 측정 당하는 것은 별로 반기지 않기 때문이다. 점수를 매기는 일은 긍정적이고, 흥분되며, 축하할 이유가 될 수 있다. 반면 측정 당하는 일은 부정적이고, 신경을 갉아먹는 걱정거리가 되기 쉽다. 또한 점수 매기기는 선향적이다. 직원 스스로 자신을 위해 할 수 있는 일이고, 스스로 통제력을 행사할 수 있는 일이다. 이에 비해 측정 당하는 일은 수동적이다. 누군가에 의해 직원에게 행해지는 것이고, 직원에게는 거의 아무런 통제권도 주지 않는다. 그러므로 측정하는 일도 중요하지만 점수를 기록하는 게 더 나은 방법이라고 할 수 있다. 이제 점수기록 하기에 대해 살펴보자.

점수기록은 객관적이고 타당성이 있어야 한다

예를 들어 바구니를 생산하는 경우에 점수는 바구니를 만들거나, 못 만들거나 둘 중 하나다. 분당 수백 캔의 수프를 생산하거나 못할 수도 있다. 30일간 현장사고 없이 근무를 하거나 그렇지 못하거나, 이번 주에 5건의 계약을 성사시켰거나 못 시켰거나 둘 중 하나다.

점수기록은 항상 이렇게 객관적이어야 한다. 이것은 누군가의 의견이나 기호에 근거를 둔 것이 아니다. 점수기록은 성취도를 수치로 표시한 측정치이다. 바구니는 바구니이며, 아무리 덩크 슛이라고 우겨도 레이업은 레이업슛이다. 이것은 아주 객관적인 측정이다.

또한 점수기록은 타당성이 있어야 한다. 몇 년 전 나는 작은 식료품 체인점 회사와 일한 적이 있다. 그들은 회사의 성공 여부를 알아보는 주요 측정치로 각 매장의 순이익을 모두 합산한 수치를 참고했다. 하지만 그렇게 뭉뚱그려 만들어진 수치를 갖고는 이익률을 어떻게 높여야 할지 난감해했다. 그래서 우리는 좀 더 타당성 있는 점수기록 시스템을 소개했다.

우리는 각 매장의 여러 부서별로 개별적인 점수 카드를 활용하게 했다. 육류, 베이커리, 청과 등등 각 부서의 책임자들에게는 그날그날의 판매실적을 점검하여 해당 매장 전체의 순이익에 대한 기여도를 알아볼 수 있도록 했다. 새로운 점수기록 시스템을 도입함으로써 각 매장의 총 책임자나 부서별 책임자들 모두가 회사 전체의 순이익이 발생하는 과정에 대한 큰 그림을 이해하게 되었고, 그 큰 그림 속에서 자신의 역할이 무엇인지 더욱 확실히 이해할 수 있게 되었다. 또한 그들은 자신들의 강점과 약점을 확인하고, 그에 대한 대책도 마련했다. 이 시스템을 통해 부서별로 시도한 각종 홍보행사나 캠페인의 성공 여부에 대해서도 객관적이며 수치화된 방식으로 확인할 수 있었다. 결국 점수기록 시스템은 전체 매장의 이익률 증가라는 더 큰 목적에 완벽히 들어맞았던 것이다.

점수기록은 자발적으로 관리하게 하라

점수기록은 스스로 관리할 때 가장 뛰어난 효과를 거둘 수 있다. 어떤 관리자들은 모든 점수기록을 자기 혼자 해버리거나 부하직원 한 사람에게 전부 일임하는 실수를 범한다. 이것은 경기를 지연시키는 것이나 마찬가지다. 이런 식으로 하면 선수가 실제 점수를 알기까지는 며칠, 몇 주 아니면 1년 가까이 걸릴 수도 있다. 누구나 고통스럽고도 비효과적인 연간 평가에 대한 기억이 있을 것이다. 만약 선수 각자가 스스로 자신의 기록을 해나간다면 필요할 때 언제든 자기 성적을 확인해볼 수 있고, 자기가 현재 성공의 길에 있는지, 아니면 실패를 향해 치닫고 있는지 점검할 수 있다. 또 개선할 점이 무엇인지도 쉽게 알게 된다.

직원이 스스로 점수 카드를 관리하고 자기 점수를 알게 만들어라. 이렇게 스스로 점수기록을 관리하게 되면 그들은 관리자에 대해 더욱 신뢰하게 된다. 누구나 직접 보고 만질 때 믿음이 생긴다. 스스로 점수를 기록하면 결과로 나온 어떤 데이터에 대해서도 회의적인 태도를 보일 수가 없다. 데이터의 출처가 너무도 분명하고, 점수 카드에 기록된 경로가 정확하기 때문이다. 이렇게 생긴 신뢰야말로 미래 행동에 동기부여를 할 수 있는 가장 중요한 요소가 된다.

점수기록을 통해 비교하라

점수기록을 활용해서 한 개인의 성과를 현재와 과거로 나눠 비교하고, 일반적 기준에 근거하여 다시 한 번 비교해볼 수가 있다. 이 비교는 철저히 해당 개인에 국한된다.

만약 골프를 치는 사람이 자기 실력을 타이거 우즈(Tiger Woods)나 아니타 소렌스탐(Anita Sorenstam)과 비교한다면 골프는 좋은 취미활동이 될 수 없을 것이다. 골프에서는 개인별로 자신의 과거와 현재 성과에 근거하여 각자 알맞은 향상기준을 설정해야 한다. 그 기준이 바로 파(Par)라고 할 수 있다. 자신의 성과가 파에 미치지 못하면 핸디캡이 무엇인지를 파악한 후 자신의 성과를 판단해야 한다. 골프는 매우 객관적 시스템을 통해

136

선수마다 자신이 지금 어디쯤 와있고, 얼마나 왔는지, 기준은 무엇인지 등을 알 수 있게 해준다.

이를 비즈니스 상황에서 어떻게 활용할 수 있는지 알아보자. 만약 근로자 스스로 점수를 기록하고 관리할 수 있다면 지난주, 지난달, 그리고 현재 어떤 성과를 이루어내고 있는지를 알게 될 것이다. 일반적 기준은 팀의 전반적 목표치가 될 것이다. 전체 목표치와 자신의 점수를 비교함으로써 현재 자기가 서 있는 위치와 일반적 기준 사이의 틈을 정확히 파악할 수 있다.

앞서 소개된 식료품 체인점의 육류 코너 관리자 한 사람은 이런 점수기록 시스템에 흥분을 감추지 못했다. 그는 이 점수 카드를 꾸준히 활용했고, 그 결과 육류 코너의 한 주간 수익이 평균 10만 달러에 육박하게 되었다. 이런 열정을 몰아 그는 중대한 목표를 설정한다. 어느 해, 그는 연중 매출실적이 가장 낮은 신정연휴 바로 다음 주에 매출액 25만 달러를 목표치로 정했다. 자신의 과거 실적과 기준을 잘 이해하고 있던 그는 제대로 된 실천계획만 있다면 이 목표를 달성할 수 있다고 믿었다. 매장 책임자는 자신 역시 점수기록 시스템에 기대를 하면서도 목표치가 너무 높은 게 아닌가 의심스러워했다. 하지만 그 어떤 것도 육류 코너 관리자와 그 부서의 의지를 꺾을 수는 없었다. 육류 코너 관리자는 부서의 모든 직원들을 목표치 기록을 향한 레이스에 참가시켰다. 이들은 여러 가지 특별 행사와 광고 전략을 내놓았고, 샘플링을 늘리고 손님 한 사람 한 사람을 최고의 서비스로 맞이했다. 그 주에 이들은 25만 5천 달러의 매출실적을 기록했다. 바로 이것이 우리가 다음에 언급하려고 하는 마지막 요소와 연결된 내용이다.

점수기록 시스템은 역동적이어야 한다

선수가 게임 도중에 팀의 현재 점수를 알고 있을 때 제한시간이 다 지나가기 전에 승리를 위해 필요한 행동 변화를 시도한다. 육류 코너의 관리자 역시 설정된 목표치를 향해 매일 매시간 얼마나 근접하고 있는지를 알고 있었을 것이다.

점수기록 시스템은 역동적으로 이루어져야 한다. 그리고 게임 도중 계속해서 업데이트되고 변해야 한다. 그래야 선수들이 필요할 때마다 점수를 알아볼 수 있다. 예를 들어 체조나 피겨스케이팅의 경우를 생각해보자. 체조선수는 모든 동작을 다 마치기 전까지는 점수를 알 수 없다. 물론 순간순간 온 힘을 기울이겠지만 체조선수는 동작 사이사이에 점수판을 보면서 동작을 개선하거나 바꾸지는 못한다. 이런 경우는 해묵은 연간 평가와 아주 유사하다. 일이 다 끝난 뒤에야 점수를 말해주는 것이다.

그러나 농구는 다르다. 농구선수는 경기의 매순간마다 득점 상황을 파악할 수 있고, 경기 중간에 상황을 변화시킬 기회가 얼마든지 있다. 나는 여기서 체조 경기에 대해 부정적인 의견을 말하려는 게 아니다. 단지 비즈니스 상황에서 이용할 수 있는 점수 기록 시스템을 떠올리려면 국가대표 체조팀보다는 LA 레이커스 팀을 눈여겨보는 게 효과적이라는 뜻이다.(물론 체조팀의 노력과 인내, 그리고 탁월한 기량 등은 비즈니스 리더가 배워야 할 장점요소가 많다.)

제대로 된 점수기록 시스템만 있다면 누구나 정기적으로 점수를 점검할 수 있을 뿐 아니라, 시간만 준다면 원하는 수준의 성과를 이루어낼 수 있다.

점수기록 시스템의 기본 원리

객관적이고 타당해야 한다.

자기 스스로 관리해야 한다.

비교치를 제시해야 한다.

역동적이어야 한다.

다시 한 번 되짚어보자. 잘 만들어진 점수기록 시스템은 상식을 세우고, '왜?'에 대한 답을 제시할 뿐 아니라, 동기부여를 하고, 당신이 무엇을 기대하는지를 명백히 알리는 역할을 한다. 가장 중요한 사실은 이것이 직원들을 성공으로 이끈다는 점이다.

그러고 보니 지금껏 목표에 대해서는 언급하지 않은 것 같다. 목표는 거의 모든 비즈니스 철학의 근본이다. 나 역시 전적으로 동의한다. 레크리에이션에서는 목표가 매우 분명히 드러난다. 비즈니스 상황에서도 그래야 한다. 그렇지 않으면 그저 맹목적으로 행위 자체에만 집중하게 되고, 결국엔 행위의 노예가 될 것이다. 혹시 항상 바쁜 듯 보이지만 제대로 해내는 게 없는 사람을 본 적이 있는가? 목표와 목적 없는 행위가 무슨 좋은 결과를 이끌어 낼 수 있겠는가? 거의 없다.

그러나 목표와 행위가 함께 작용할 때 멋지게 돌아가는 경우는 수없이 보아왔다. 점수기록은 목표 설정보다 먼저 이뤄져야 한다. 목표를 정하기 이전에 먼저 점수기록 시스템부터 만들어야 한다.

앞에서 예로 든 식료품 체인점은 매장 전체 순이익을 증대시키는 것이 원래 목표였다. 물론 가치 있는 목표였지만 문제가 조금 있었다. 우선 순이익이 발생하는 방식을 알 수 없는 상황에서 설정된 목표는 공허하기 그지없었다.

우리는 매장 전체의 순이익 증대라는 거대한 목표는 잠시 뒤로 미루고, 다시 원점으로 되돌아가서 새롭게 시작해보기로 했다. 먼저 부서별 점수기록 시스템을 구축했다. 그리고 이들의 강점과 약점을 파악했다. 손님 한 사람당 판매량을 높여야 할지, 아니면 어느 한 코너에서 구매하는 손님의 퍼센트를 올려야 할지 등등을 고민했다.

부서별로 비전이 분명해지자 그에게 맞는 목표치가 설정되었다. 그리고 나서 매장 전체에 대한 목표치가 산출되었다. 타당성과 객관성, 그리고 역동성을 겸비한 점수기록 시스템을 통해 우리는 각 부서에 적합한 수치를 얻어냈다. 직원들은 매장 전체 수익률을 자신들이 통제할 수 있다고 믿지 못했지만 자신이 속한 부서의 수익률에는 나름대로 영향력을 행사할 수 있다고 느낀 것이다. 어떤 목표와 그것을 달성할 수 있는 수단을 만들어내려면 기본이 되는 것이 있어야 한다.

잘 만든 점수기록 시스템이 주는 혜택 중 가장 중요한 것은 합리적인 피드백의 기초를 제공한다는 점이다. 유능한 리더, 그 이상의 리더가 되기 위한 가장 중대한 원리는 바로 알맞은 피드백을 제공해줄 수 있어야 한다는 것이다. 피드백을 주려면 벤치마크나 일종의 회계 시스템 등이 있어야 한다. 이를 통해 당신이 앞서 가는지, 아니면 뒤처지는지를 가늠할 수 있다. 이때 필요한

것이 바로 점수 카드다. 점수기록을 하는 주된 이유는 리더나 직
원이 다 같이 동의할 수 있는 피드백의 시기와 유형, 횟수 등을
얻어내기 위해서 기록하는 것이니까 말이다.

유능한 리더, 그 이상의 리더에게 최상의 툴 중 하나는 점수기록 시스템이다. 점수기록 시스템은 아주 정교할 필요는 없지만 제대로 만들어야 한다. 점수기록 시스템에는 다음과 같은 기본 사항이 반드시 포함되어야 한다.

- 점수기록은 객관성과 타당성이 있어야 한다.
- 점수기록은 자발적으로 관리할 때 효과가 크다.
- 점수기록은 과거와 현재 시점에서 한 개인의 성과, 그리고 일반적인 기준치와 비교가 이루어질 수 있어야 한다.
- 점수기록은 역동적이어야 한다.

잘 만든 점수기록 시스템이 주는 혜택 중 가장 중요한 것은 합리적인 피드백의 기초를 제공한다는 점이다. 이런 피드백을 주려면 벤치마크나 일종의 회계 시스템 등이 있어야 한다. 이를 통해 당신이 앞서 있는지, 아니면 뒤처지고 있는지를 가늠할 수 있다. 이때 필요한 것이 바로 점수 카드다.

6

문제점은 적절한 피드백으로 개선하라

THE BETTER PEOPLE LEADER

톰 래스(Tom Rath)와 도널드 클리프턴(Donald O. Clifton)
이 함께 쓴 『당신의 물통은 얼마나 채워져 있습니까?(How Full
Is Your Bucket?)』는 한국전쟁 당시 북한에 억류되었던 1천 명의
미군 포로에 대한 연구로 이야기를 시작하고 있다. 당시 북한의
전쟁포로 수용소 내 사망률은 38퍼센트라는 어마어마한 수치였
다. 그렇다고 북한이 포로에게 신체적 체벌이나 고문을 가한 것
은 아니었다. 그들은 포로들을 죽을 만큼 때리지도 않았다. 단지
죽을 만큼의 정신적 고통을 가했을 뿐이다.

정신적 고통을 주는 주요 수단으로 작용한 것이 바로 피드백
이었다. 의도적으로 선별된 피드백 말이다. 북한은 네 가지 전술
을 사용했다. 첫째, 그들은 동료 포로들에 대해 밀고하거나 무엇
을 훔쳐오는 자에게 보상을 했다. 다음으로 그들은 포로들이 서

로 잘못을 자백하게 하거나 해주지 못한 일에 대해 뉘우치기를 강요했다. 또한 그들은 포로들의 고국에서 온 편지 중 부고나 연체통지서 같은 부정적인 영향을 주는 내용만 골라 전해주고, 가족들이 보낸 편지처럼 긍정적인 감정을 북돋는 내용은 일절 전달하지 않았다. 결국 이런 식으로 북한은 포로 상호 간에 있어야 할 신뢰와 충성뿐 아니라 상관의 리더십에 대한, 심지어 국가에 대한 충성심마저 서서히 무너뜨렸다. 포로들은 자기 자신 외에는 그 누구도, 그 무엇도 문제가 되지 않는다고 믿기 시작했다.

흥미롭게도 이런 전술은 매우 수동적이다. 북한이 만약 포로를 때리거나 고문했다면 포로들 처지에서는 맞서 싸울 대상이라도 있었을 것이다. 하지만 가족이 보낸 안 좋은 소식을 전하고 서로 회한의 말을 나누게 함으로써 이들의 방어기제는 아예 작동할 기회가 없어져버린 것이다. 결과는 참담했다. 포로들은 말 그대로 삶을 포기해버렸고, 하나둘씩 죽어갔다.[1]

고객 중 한 명과 이 이야기를 나누는데 그녀는 슬프게도 "우리 회사 처지와 똑같네요."라고 말했다.

피드백은 매일매일 섭취해야 하는 영양소나 마찬가지다. 만약 피드백의 중요성이 잘 실감나지 않는다면 집안에 있는 거울의 수를 세어보면 어떨까? 아니면 이런 실험을 해보면 어떨까? 아내가 자신의 옷차림에 대해 물을 때 그냥 무시해버리는 거다.

또 아이가 학교에서 만든 작품을 보여주고 싶어 할 때도 그냥 무시해버린다. 퇴근해서 돌아올 때 당신을 반기는 강아지도 그냥 지나쳐버리는 거다. 계속 이렇게 생활한다면 어떤 결과가 나올까? 아마 불행한 생활상이 그림처럼 그려질 것이다. 그렇다. 그때그때 적절한 피드백을 전달하는 능력이야말로 인간관계에서 가장 중요한 기술이다.

이와는 대조적으로 부적절한 피드백이야말로 이 세상에서 가장 무서운 모럴(Morale) 킬러이다. 우리는 부적절한 피드백을 경험하기 일쑤다. 대개는 두 종류로 나누어 생각해볼 수 있다. 부정적 피드백과 피드백의 부재가 바로 그것이다. 전쟁포로수용소의 경우에서 보듯이 이 두 종류의 피드백은 상당히 파괴적이다. 이에 반해 세 번째 경우인 적절한 피드백은 유능한 리더, 그 이상의 리더에게는 가장 건설적이고 긍정적인 툴이 된다. 이것은 마치 과학에서 이용되는 '뉴턴(Newton)의 제3의 법칙'에 해당한다. 모든 행위에는 동급의 반작용이 존재한다. 부정적인 피드백이 위력이 있다면, 긍정적이고 적절한 피드백 역시 그만큼 강력한 힘을 가지고 있음이 틀림없다. 여기서 더 나아가 나는 후자가 사실은 더 강력하다고 말하고 싶다.

적절한 피드백이 얼마나 중요한지 알 수 있는 사례를 하나 들어보자. 여섯 살짜리 아이가 자기가 그린 그림을 봐달라고 말할 때 부모가 하던 일을 멈추고 냉장고에 그림을 붙여줄 때까지 아이는 계속 조르기를 멈추지 않는다. 그런데 왜 직장인들은 자신의 성과라는 그림을 이같이 조르며 보여주고 싶어 하지 않는 걸까? 또 관리자들 역시 왜 잠깐 멈추어 서서 이 그림을 보려고 하지 않는 걸까?

먼저 직원의 입장부터 알아보자. 직원들이 피드백을 원하지 않는 이유는 지난번에 받은 반응이 신통치 않았기 때문이다. 아마도 무시를 당했거나 그저 "그래 그래, 그 정도면 괜찮아!"라는 짤막한 반응으로 퇴짜를 맞았는지도 모른다. 아니면 몇 달 동안 쌓아놓았던 피드백을 한꺼번에 댐의 수문이 열리듯 몰아서 받았을지도 모르겠다. 어쨌든 지난번에 적절한 피드백을 받지 못했다면 그들은 한번 받은 상처를 반복해서 다시 받을 생각은 하지 않을 것이다.

혹은 피드백을 바라는 것은 자기가 약하다는 표시라고 느끼기 때문일지도 모른다. 항상 남에게 피드백을 받고 싶어 하는 사람은 처지가 딱하다거나, 불완전하다거나, 골칫거리 정도로 취급되기도 하기 때문이다. 만약 선수가 피드백을 바라는 일이 자

첫 자신을 문제아로 낙인찍히게 할 수 있다고 우려한다면, 그는 절대로 피드백을 요구하지 않을 것이다.

어떤 경우에는 피드백의 필요성을 아예 느끼지 않기 때문에 요구하지 않는 경우도 있다. 무소식이 희소식인 경우다. 만약 항상 부정적인 피드백만 받아왔다면 아무런 피드백이 없는 것을 오히려 긍정적인 결과로 받아들이게 된다.

'무슨 말을 하는 사람이 없는 걸 보니 내가 잘못한 게 없는가 보군.'

혼자 이런 짐작을 하고 결론 내리는 것이다.

그렇다면 코치 입장에서 한번 살펴보자. 그들은 그들대로 피드백을 주지 않는 이유가 몇 가지 있다. 아마 제일 큰 이유는 시간과 에너지가 들기 때문일 것이다. 만약 당신의 여섯 살짜리 아이가 자기 그림 좀 봐달라며 이리 뛰고 저리 뛰며 졸라대고 있는데 정작 당신은 '어서 서류가방을 던져놓고 넥타이부터 풀어버렸으면' 하는 마음이라고 가정하자. 이런 때 하던 일을 멈추고 아이에게 미소를 보내며 냉장고에 그림을 거는데 쓸 자석을 찾고 있기란 대단한 노력이 필요하다. 직장에서도 마찬가지다. 다른 일로 정신없이 바쁜데 직원들 자리를 여기저기 둘러보고 다니며 그들이 하는 일에 대해 일일이 코멘트를 해줄 짬을 내기란 쉽지 않다. 또 무소식이 희소식이라는 마음가짐 때문일 수도 있다. '내가 오늘 당신 자리에 들르지 않았다면 당신은 일을 제대로 한 셈이야' 라는 생각 말이다.

그러나 여기서 듣기 싫은 소리 좀 해야겠다. 중요한 일이라며 맡겨놓고는 그에 걸맞은 피드백을 제공하지 않는 일은 있을 수 없다. 제대로 하는 법을 알기만 하면 피드백은 부정적인 경험이나 약하다는 표시가 아니다. 적절한 피드백은 직원들을 보다 뛰어난 인재로 만드는 가장 가치 있는 툴이 된다.

긍정적인 행동을 강화하라

어떻게 이것이 가능한지 생각해보자. 부모와 아이, 관리자와 부하 직원, 부부 사이든 상대방이 내가 싫어하는 행동을 할 때 그에 대한 반응은 무척 빠르다.

"빨리 가서 자! 잘 시간이 지났잖니?"

"오늘 지각했군. 제시간에 출근 좀 하게."

"양말을 치우는 적이 한 번도 없다니까!"

우리는 상대에게 반복되지 않았으면 하고 바라는 행동은 정확히 찾아서 그에 대해 반응을 한다. 그리고 너무나 많은 관심과 피드백을 여기에 쏟아붓기 일쑤다.

은행에 갔을 때 창구 직원에게 무엇을 기대하는가? 정확성과 빠른 서비스, 친절함 등을 기대할 것이다. 그러나 은행이 직원들의 업무성과를 어떻게 감독하는지 알게 된다면 그들의 친절함이나 혹은 10원짜리 하나까지 정확히 거슬러주는 행위가 무슨 상장이나 받으려고 그러는 게 아니라는 것을 깨닫게 된다. 은행에서는 '일일 결산'이라는 장치를 통해 과납이나 과부족을 차단하게 되어 있다. 직원들이 뭘 잘했나 찾기보다는 뭘 잘못했는지를 점검하는 방식이다.

좀 더 바람직한 방법은 이보다는 반복되기를 희망하는 긍정적인 행위를 더욱 강화하는 쪽에 초점을 맞추는 것이다. 잘 시간이 넘었는데 잠자리에 들지 않으려고 하는 아이를 꾸짖는 대신 그 아이가 잠자리에 들도록 무언가 특별한 것을 준비하는 것은 어떨까? 예정에 없던 일을 처리하느라고 정해진 출근시간보다 일찍 나와 일하는 직원에게 당신은 고마워하는 마음을 표현해본 적이 있는가? 배우자가 잔디를 깎거나 침대 정리를 해준 것에 대해 고마움을 전해본 적은 있는가? 한 달 동안 매일매일 10원 단위까지 잔액을 정산해야 하는 창구담당 직원들에게 은행은 노고를 인정해주고 그에 대한 보상을 제공하고 있는가?

동물원 씨월드(Seaworld)는 이 분야에서 타의 추종을 불허한다고 말할 수 있다. 동물을 조련할 때 그들은 항상 잘한 행동에만 중점을 둔다. 씨월드 동물 대사에 위임된 줄리 스카디나(Julie Scardina)는 USA투데이 지와 인터뷰에서 씨월드의 동물 조련방식에 대해 질문을 받았다. 나는 그녀의 다음과 같은 대답이 아주 통찰력 있는 것이었다고 생각한다.

"우리는 흥미와 재미, 그리고 격려가 넘치는 환경을 조성하도록 애쓰고 있어요. 우리는 반복되었으면 하고 바라는 행동에 주의력을 집중시키는 편입니다. 동물들의 실수에 대해 크게 문제 삼지 않아요. 심하게 한다고 해봤자 다른 곳의 중간 정도도 안 되는 선이죠. 실수에 신경을 쓰지 않는 것은 효과적인 훈련방식이라고 할 수 있어요. 동물들이 훈련 자체를 두려워하면 그들은 기가 죽고 결국 방어적이거나 공격적으로 변할 수 있어요. 우리는 동물들과 조련사의 관계가 나빠지지 않도록 시스템적으로 관리하고 있습니다. 대신 긍정적인 관계를 계속해서 강화시키는 데 역점을 둡니다."[2]

우리 모두 씨월드에 있는 조련사들 같은 상사가 되거나 그런 상사만 있다면 얼마나 좋겠는가? 하지만 우리들 대부분은 잘해낸 일보다는 문제만 파고드는 시스템 속에서 일하는 경우가 많다. 안전이 이슈가 되는 산업현장에는 AFR(Accident Frequency Rate)라는 안전사고 발생빈도를 나타내는 수치가 있다. 이것은 20만 인시(Man Hour) 동안 보고되는 사고 발생 건수를 가리킨다. 이 수치는 일정시간 동안 얼마나 많은 수의 사고가 발생하는지를 조사함으로써 작업장의 안전 상태를 측정하는 역할을 한다.

그렇다면 뒤집어 생각해보면 어떨까? 나는 한때 앨라배마 주(州)에 있는 대규모 탄산음료 제조업체와 오랜 시간 일한 적이 있다. 제조업체이기 때문에 회사도 AFR을 세심히 점검했다. 10여 년 동안 이 수치에 온갖 신경을 쓰며 사고율 0퍼센트라는 목표를 세웠으나, 매해 평균 12건의 사고가 발생했다. 교육 프로그램과 끊임없는 주의, 거기에 어르고 달래는 등 모든 수단을 다 동원해도 사고는 결코 줄어들지 않았다. 우리는 이 회사의 컨설팅을 담당하면서 서로 머리를 맞대고 고민하던 중 새로운 점수 카드를 생각해냈다. 사고가 발생하는 건수를 조사하는 대신 사고 없이 몇 시간이나 지속되는지를 조사하기로 한 것이다.

무슨 일이 벌어졌을지 상상할 수 있는가? 10년 동안 수많은 노력에도 아무런 변화가 없었던 그곳에서 무사고 근무시간을 기록하는 일을 시작하자 사고발생률이 현저히 줄어들었다. 월 평균 사고율 1건이던 것이 그 후 1년 12개월 동안 단 한 건의 사고도 발생하지 않는 단계에 도달했다. 공장장 잭 미첼(Jack Mitchell)은 이렇게 말했다.

"그 누구도 자기 때문에 무사고 기록이 깨지는 걸 원하지 않앞어요. 그래서 모두 전과 달리 안전에 각별히 신경을 쓰게 되었죠."

또한 잭은 정기적으로 제조 현장에 내려가 모든 상황을 점검한 후 눈에 잘 띄게 붙여놓은 점수 카드를 확인하는 습관이 생겼다. 직원들을 독려한 것이다. 그는 점수 카드를 들여다 본 후 다음과 같은 짤막한 문구가 적힌 메모를 점수 카드 옆에 붙여놓곤 했다.

"잘했어, 빌리. 계속 이렇게 잘 해주게."
"엄청난 발전이구만, 스티브."
그런데 직원 중에서 무사고 점수 카드 기록이 특히 부진한 사람이 있었다. 점수 카드가 서로 가까이 붙어 있어서 그는 다른 사람들의 카드에 붙여진 공장장의 메모를 보게 되었고 자신도 분발해야 하겠다고 결심했다. 하루는 공장장이 여느 때처럼 현장에 들렀을 때 이 직원이 안전 기록을 잘 수행하고 있는 모습을 보았다. 그러나 잭은 그날따라 메모 붙이는 걸 잊고 그냥 지나치고 말았다.

그 직원은 가만히 있지 않았다. 잭의 사무실로 쫓아간 그는 강하게 항의했다.

"나에 대한 메모는 도대체 어디 있죠? 제 기록이 향상되었잖습니까? 나도 점수 카드 옆에 메모 문구를 받고 싶다고요."

잭은 직원의 말에 그만 포복절도하고 말았다. 작은 메모 하나에 그렇게 연연해하다니, 생각해보지 못했던 부분이 아닌가!

사람은 누구나 남에게 잘하는 모습을 보이고 싶어 한다. 일을 망치거나 실수를 범했을 때는 그 즉시 문제가 되지만, 몇 주 동안 열심히 해낸 일은 누구 하나 신경 쓰지 않는다고 불평하는 소리를 자주 듣는다. 레크리에이션 상황을 놓고 다시 생각해보자. 야구 경기에서 주자가 달리고 있는데 아무런 응원소리도 들리지 않는 상황, 혹은 미식축구 경기에서 터치다운을 보고도 관중석이 조용하기 이를 데 없는 상황을 상상할 수 있을까? 만약 경기를 지켜보던 팬 중 한 명이 이렇게 말한다면 어떨까?

"밥 먹고 허구한 날 하는 일이 그건데 자기 할 일 하는 거 갖고 내가 응원은 뭐 하려고 한다지?"

그렇다면 스포츠 경기를 관람할 때는 환호하면서 왜 일터에서는 제대로 잘하는 직원을 보고도 특별한 관심을 기울이지 않는 걸까?

우리가 팀원에게 줄 수 있는 최상, 최고의 적절한 피드백은 바로 제대로 하는 사람을 봤을 때 조금 호들갑스러워 보일 정도로 칭찬을 듬뿍 안겨주는 것이다. 뭐 그렇다고 엄청나게 소란을 떨라는 말은 아니다. 이런 모습 정도를 상상하면 될 것이다. 직원의 자리에 고개를 살짝 내밀며 "보고서 정말 고맙네. 꼭 필요한 거였어.”라고 한마디 던지는 거다. 마크 트웨인이 언젠가 말했듯이 “나는 칭찬 한마디만 있으면 두 달은 끄떡없이 살 수 있어.”[3] 가 바로 명언이다.

　몇 해 전 우리 회사는 주요 목표를 달성한 직원들에게 인센티브의 하나로 하와이 여행 휴가를 제공한 적이 있다. 어느 날 저녁, 우리는 선상에서 근사한 저녁식사 시간을 가졌다. 그때 선장이 하와이 전통악기인 소라 껍데기를 들고 나와 석양을 향해 연주하기 시작했다. 우리는 모두 크게 감동받았고, 휴가가 끝난 뒤 사무실에 이 소라 껍데기 악기를 하나씩 갖다놓기로 했다. 혹시 이 악기를 불어본 적이 있는가? 처음에는 소리를 내기가 쉽지 않지만 일단 한번 해보면 제대로 된 소리를 들을 수 있다. 나도 그 덕분에 소라 껍데기 악기 연주를 할 수 있게 되었다.

　우리는 사무실에서 축하할 일이 생길 때마다 이 악기를 꺼내 불기로 했다. 그 후 계약이 성사되기만 하면, 소라 껍데기를 불었다. 내가 악기를 불 때마다 직원들은 미친 듯이 좋아하며 환호했다. 매출이 발생할 때마다 작은 축하파티가 생긴 거다. 이런 일을 통해 직원들의 사기가 얼마나 올라갔을지 상상해보라. 우리는 무슨 일이 제대로 안 되었을 때, 고객에게 거절의사를 들었을 때마다 이런 팡파르를 울린 것이 아니다. 실패가 아닌 성공에 집중했다. 실패는 굳이 애쓰지 않아도 저절로 주의를 집중시키지 않던가!

앨라배마의 탄산음료 업체는 목표치가 달성될 때마다 저녁식사를 함께 하는 프로그램을 실천했다. 비용이 많이 드는 거창한 축하파티는 아니었지만 굉장히 효과가 좋았다. 직원들은 배우자나 자기가 좋아하는 사람을 데려올 수 있고, 회사 근처의 멋진 레스토랑에서 단체로 저녁식사를 즐기는 간단한 파티였다. 이 작은 축하파티는 직원들에게 주어진 일종의 인센티브였다. 그러나 여기에 그치지 않고 이 축하파티는 동시에 배우자들에게도 인센티브로 인식되기 시작했다. 직원들은 저녁식사 파티를 학수고대 기다리는 배우자들로부터 실적 달성에 대한 압력을 받기에 이르렀다.

축하행사는 항상 제대로 하기 바란다. 직원들이 올린 성과에 대해 크건 작건 어떤 형태든 축하행사가 있어야 한다. 사람들은 자신의 성과에 대해 당신의 갈채와 감사, 그리고 인정을 기대한다. 그들을 기만해서는 안 된다. 직원이 회사에서 일한 시간을 1년으로 환산하면 총 2,000시간 이상을 당신을 위해 헌신한 셈이다. 대체 얼마만큼의 피드백을 주어야 충분하다고 말할 수 있을까? 또 얼마나 잘해야 제대로 된 축하행사라고 할 수 있을까? 잘하려고 하면 끝없이 잘할 여지가 남아있다는 소리다. 대부분의 회사가 이 방면으로는 아직 미개척지나 마찬가지다.

내가 아는 어느 회사의 한 부서는 점심시간을 제대로 즐기는 것에 대해 상당히 부담을 느낀다고 한다(제 돈으로 사먹는 점심인데도). 이유는 점심시간이라고 전 부서원이 동시에 사무실을 빠져나가는 일이 그다지 열심히 일하지 않는 사람들이라는 인상을 심어줄 수 있기 때문이란다. 이 부서는 해마다 두 번의 중요한 마감이 찾아오는데, 마감이 임박한 몇 주간은 부서 전체가 그야말로 난리를 치른다. 마침내 기한을 무사히 넘기게 되면 직원들은 모두 축하파티라도 하고 싶은 심정이 된다. 이 불쌍한 사람들이 그때 어떻게 하는지 아는가? 몇 명씩 짝을 지어 슬그머니 사무실을 빠져나와 근처 식당에 모인다. 그래야 한꺼번에 빠져나갔다는 비난을 피할 수 있기 때문이라는 어이없는 이유로 말이다.

이 부서의 팀장이라면 팀원들이 좀 더 제대로 축하의 시간을 갖도록 어떤 배려를 할 수 있을까? 우선 점심시간에 대해 암묵적으로 지켜온 규칙부터 바꿔야 할 것이다. 그리고 마감을 무사히 끝낸 직후라면 그가 먼저 부서원들과 함께 하는 외식을 주선

하면 좋을 것이다. 정말로 팀원을 깜짝 놀라게 해주고 싶다면 밥값을 내면 되고! 제대로 축하하기는 이렇게 간단하다.

내가 아는 어떤 사람은 어린 나이에 지역의 슈퍼마켓 체인점에서 일하기 시작했다. 그의 위치는 상당한 액수의 보너스를 기대할 수 있어서 그는 물론 동료에게도 강한 동기부여가 되었다. 입사 1년 후 그는 보너스 대상으로 선정돼 벅찬 가슴으로 축하행사를 기다렸다. 한 해의 실적을 축하하고 개별 사원에게 보너스 수여식 행사가 열리는 밤이었다. 모두가 기다리는 밤이기도 했다. 그들의 CFO만 빼고 말이다. 이 CFO는 팔에 검은색 완장을 차고 시상식장에 등장했고, 그 후 일주일 동안 완장을 한 채 사무실에 출근했다. 물론 재미있으라고 한 행동이었지만, 이 젊은 친구는 이것을 어떻게 받아들여야 할지 알 수 없었다. 회사가 보너스를 지급하느라 허리띠를 졸라매고 정말 죽을 지경이라는 뜻인가? 안타깝게도 별 뜻 없는 행동이었지만 한창 들떴을 부서 분위기에 찬물을 끼얹는 꼴이 되고 말았다.

이 친구는 몇 년 후 문제의 CFO와 좀 더 밀접한 관계로 일하는 자리에 올랐다. 그는 CFO에게 앞으로 축하행사 자리에서는 그 완장을 착용하지 않는 편이 낫겠다고 조언했다. 자신이 과거에 느꼈던 감정을 이유로 설명하면서 말이다. 직원들이 그렇게 느끼고 있다고는 전혀 상상도 못했던 CFO는 곧바로 그 전통을 끝냈다. 일반적으로 애도의 표시를 나타내는 검은색 완장은 전혀 의도하지 않았던 부정적인 느낌을 매우 강력하게 발산했던 것이다. 완장만 아니었다면 참으로 완벽에 가까운 긍정적 피드백이 될 수 있었던 기회였는데 말이다. 그 후 이들은 훨씬 즐거운 자축의 시간을 보냈다.

이처럼 대부분의 회사가 사소한 점을 개선함으로써 돈 한 푼 들이지 않고 상황을 호전시킬 여지가 많다. 축하 방법이 꼭 극적이거나 값비싼 비용을 들여서 해야 하는 것은 아니다. 완장 하나 없애는 데는 10원 한 푼도 들지 않았듯이 말이다. 하지만 제대로 할 필요는 있다. 당신이 이끄는 팀과 그들이 이루어낸 성공에 대해 생각하는 시간을 한번 가져보라. 어떻게 하면 더 나은 축하 시간을 보낼 수 있을까?

질책도 효과적인 피드백이다

현실적으로 생각해보자. 지금껏 말한 모든 긍정적 강화나 축하행사 등은 생각하기에 따라서는 너무 낙천적으로 들릴지도 모른다. 사업체를 운영하는 일이나 한 부서를 책임지는 일, 혹은 어떤 프로젝트를 이끄는 일은 굉장히 고단한 생활이다. 중대한 업무들이 산적한 마당에 파티 분위기에 젖어있는 자신을 그려보기란 쉽지 않을 것이다. 게다가 피드백 자체가 부정적일 필요가 있을 때도 많다. 축하할 일이 전혀 생기지 않거나 잘못된 것을 바로잡아야 하는 상황일 수도 있다. 이런 부정적 피드백 역시 적절한 피드백 중 하나다. 경우에 따라서는 이렇게 말해야 할 때도 있다.

"내가 보기에는 자네가 손님을 대하는 자세에 좀 문제가 있군. 우리 가게에서는 손님을 그런 식으로 대하지 않네."

"지난 한 달간 자네 덕에 이 소라 껍데기를 불어본 기억이 없는데, 자네의 최근 영업실적에 대해 얘기 좀 해보세."

"자네 지난 6개월 동안 두 차례나 안전사고를 냈더군. 전체 평균은 0건인데 비해서 말일세. 문제가 어디에 있다고 생각하나?"

여기서 다시 선수 계발 계획으로 돌아가보자. '시작하라, 중지시켜라, 가속시켜라, 유지하라'의 원칙을 다시 생각해보자. 어떤 것은 중지시켜야 하는 반면, 또 어떤 것은 한 걸음 더 진척시켜야 하는 경우가 있다. 당신이 나서서 솔직하게, 때론 그다지 듣기 좋은 말이 아니더라도 그들에게 적절한 피드백을 주지 않는다면 그들은 결코 뭐가 문제인지 모를 수 있다.

이 문제는 다시 팀장이 저지를 수 있는 부적절한 행동이었던 팀원을 코치하지 않고 내버려두는 일과도 연관되어 있다. 만약 팀원 중 누군가가 그다지 긍정적이지 못한 피드백이 필요한 상태인데 그에 따른 적절한 피드백을 제공하지 않는다면 그것은 부당한 처사가 될 것이다. 사실 피드백을 주지 않는 행위야말로 우리가 상대에게 가할 수 있는 가장 가혹한 심리적 처벌이다.

만약 생산적인 리더가 되기를 바란다면, 그리고 팀원이 교정될 부분이 있다거나 뭔가 더 가이드 해줄 부분이 있다면, 그들이 요구하는 바로 그것을 제공하는 일이 당신이 해야 할 일이다. 긍정적 피드백이 필요한 곳에 그것을 주지 않을 때만큼이나 부정적 피드백 역시 주어야 할 곳에 주지 못했을 경우 해당 팀원의 발전을 가로막는 처사라는 사실을 잊어서는 안 되겠다. 친절하고 객관적으로, 단도직입적으로 제대로만 할 수 있다면 부정적 피드백 역시 받아들이는 팀원으로서는 또 하나의 긍정적 경험이 될 수 있다.

개선 전담팀을 구성하라

유능한 리더, 그 이상의 리더라면 자기만 피드백의 제공자가 되기보다는 팀원들도 피드백을 줄 수 있는 환경을 창조해야 한다. 탄산음료 제조업체에서 근무하던 직원 이야기를 다시 해보자. 그 회사의 공장장은 자신과 직원들 모두 서로 간에 피드백을 주고받을 수 있는 여건을 만들었다.

"저도 제 일을 제대로 했으니 메모를 받고 싶습니다."

이렇게 항의성 발언을 했던 직원에게 공장장은 건방지다고 일축해버리거나 해고하지 않았다. 그는 쌍방향의 피드백을 허용했던 것이다. 공장장은 그 직원의 뜻을 헤아렸고, 그 후 그를 포함해 직원들이 잘할 때마다 더욱 신경을 써주었다.

우리 고객사 중에는 카펫 청소업체가 있다. 이 회사의 오너는 매일 아침 청소기술자들과 미팅 시간을 만들어 피드백 포럼을 열었다. 미팅은 도넛을 함께 나눠먹는 일로 시작해서 항상 업무의 프로세스와 결과에 대한 논의로 끝을 맺곤 했다. 여기서 그들은 오너에게서 받는 피드백 못지않게 자신들 역시 오너에게 필요한 피드백을 제공했다. 기술자 개개인과 나누는 일 대 일 미팅을 대체할 만한 것은 아니었지만 솔직한 피드백이 오고 가는 열린 공간이었다.

이 회사가 직면한 제일 큰 문제는 재작업이었다. 때때로 의뢰인의 집이나 사무실을 두 번 방문해 카펫을 다시 청소하는 일이 자주 발생하는 게 회사의 골칫거리였다.

"일단 우리가 이 문제에 대해 서로 대화하고 각자 자기의 작업방식을 보여주자 재작업률이 감소하기 시작했어요."

도넛 미팅 시간을 활용했던 오너는 회사의 골칫거리를 해결한 방법에 대해 이렇게 말했다.

내가 자문을 해주었던 한 회사에서는 일명 '개선 전담팀'이라는 것을 구성했다. 이것은 직급의 상하 라인을 마구 넘나들며 피드백을 얻을 수 있는 상당히 진보적인 접근방식이었다. 자칫 무모해 보일 수도 있는 이 방법은 이 회사에는 딱 맞는 방식이었다. 직원이 2천 명에 달하는 대규모 회사였기 때문에 회장과 그의 비서는 격주로 미팅을 잡았다. 미팅에 참석하는 직원은 전체 25개 부서에서 모인 사람들이었고, 관리자급은 한 명도 없었다. 이들은 부서원끼리 비공식적으로 선별해서 차출된 사람들이었다.

미팅의 안건은 한마디로 무제한이었다. 참석자들은 고객에게 질 높은 서비스를 제공하는 데 걸림돌이 되는 것을 주제로, 고객의 기대를 만족시키는 데 필요한 추가적인 물적 자원에 대해, 아니면 힘들거나 불편한 사항 등 하고 싶은 말을 자유롭게 꺼낼 수 있었다. 미팅 자리에서 당장 해결점을 찾을 수 있는 사안인 경우엔 그 즉시 결정을 내렸고, 만약 시일이 걸리는 사안이라면 회장은 다음 미팅 때까지 해결책을 세웠다. 모든 사항은 회의록에 기록되고, 전 사원에게 공개되었다.

이처럼 피드백을 얻고 개선점을 찾기 위한 적절한 미팅을 고안해낸다면 얼마나 많은 정보 공유와 발전이 이루어지는지 놀라울 따름이다. 앞서 말했듯이 청소기술자들 간에 여러 가지 자신만의 노하우가 공유되어 재작업률이 감소하게 된다면 얼마나 멋진 일인가? 고객의 기대치에 못 미쳐 항상 고민스러웠던 기술자가 있었다면 이 미팅이 그에게 얼마나 큰 도움이 되겠는가? 이미 잘하고 있던 기술자도 혜택을 받기는 마찬가지다. 자신의 전문지식을 남과 공유함으로써 그 결과 긍정적인 강화가 그들 사이에서 일어나는 것이다.

"정말 좋은 생각이군요. 저는 그 생각까지는 미처 못했었거든요."

"정보 감사합니다. 어제 말씀하신 방법대로 해봤더니 마술 같은 일이 벌어졌지 뭡니까?"

그런데 이렇게 개선 전담팀을 구성할 때 한 가지 잊어서는 안 되는 사항이 있다. 미팅에 참석한 사람 중에는 항상 문제 상황에 대해서만 말하려고 하는 부류와 자기가 잘한 일에 대해 관심을 받으려고 하는 부류가 섞여 있기 마련이다. 이런 사항을 포함해 모두와 충분한 토론이 진행되어야 한다. 그런데 우리는 문제 상황에 집중하려는 경향이 강해서 자칫 성공의 측면을 소홀히 하기 쉽다. 이 두 부류 모두에 대해 충분한 인정을 해주기 전에는 자리를 뜰 수 없다. 원인은 두 가지 때문이다. 하나는 당신은 그들의 성과에 대해 인정해주어야 할 빚이 있다. 둘째로 성과에 대해 간과하는 것은 그 성과를 통해 배울 수 있는 또 다른 기회를 놓치는 것이다. 그들이 어떻게 그런 성과를 이루어냈는가? 다음에 또 그런 성과를 거두려면 어떻게 하면 될까? 이 성과를 현재 직면하고 있는 문제를 풀어나가는 데 어떻게 접목시킬 수 있을까? 이런 귀한 정보를 배울 수 있다는 소리다.

타인에게 적절한 피드백을 전달하는 능력이야말로 인간관계에서 가장 중요한 기술이다. 이것은 유능한 리더, 그 이상의 리더가 발휘할 수 있는 가장 건설적이고 적극적인 툴이기도 하다. 반대로 부정적 피드백이나 피드백을 주지 않는 등 부적절한 피드백은 이 세상에서 가장 무서운 모럴 킬러(Morale Killer)다.

적절한 피드백을 주려면 우선 왜 팀원들이 피드백을 요구하지 않는지, 그리고 리더 역시 왜 그것을 제공하지 않는지를 이해해야 한다. 그러고 나서 피드백을 제대로 제공하는 요령을 익혀야 한다. 반복되기를 원하는 긍정적인 행동을 강화하기, 제대로 축하해주기, 개선 전담팀 구성하기 등이 그 요령 중 하나다. 이에 덧붙여 다소 내키지는 않지만 필요에 따라서는 직원에게 듣기 싫은 부정적 피드백을 주어야 하는 상황에 대해서도 대처해야 한다.

7

누구에게나 멘토는 필요하다
THE BETTER PEOPLE LEADER

차원을 한 단계 높여 생각해볼 일이 있다. 이 이야기는 얼마 전 내가 참석했던 한 미팅 일화로 시작할까 한다.

"여러분의 멘토라고 할 만한 사람은 누구입니까?"

참석자들의 대답은 꽤 흥미로웠다. 한 사람도 이 질문에 뜸을 들이지 않고 모두 선뜻 대답을 했다. 소그룹 미팅이었는데 그들의 눈동자는 자기 멘토를 생각해내느라고 반짝거렸다.

나는 방안을 돌며 더 많은 질문을 쏟아냈다. 어떤 사람은 자기 아버지를 멘토로 생각했다. 첫 직장에서 만난 상사를 멘토로 여기는 사람도 있었다. 대학시절 은사선생님을 떠올리는 사람도 있었다. 나는 이어서 그들에게 물었다.

"왜 그들이 여러분의 멘토라고 생각합니까?"

다시 참석자들은 망설임 없이 대답을 이어나갔다. 그들 모두 한마디씩 할 말이 있는 듯했다. 어떤 사람은 인생의 고비마다 아주 가치 있는 지원과 충고를 해주었기 때문이라고 말했고, 어떤 사람은 자기에게 개인적으로 시간을 내서 훈련과 가르침을 주었기 때문이라고도 했다. 그를 통해 더욱 새로운 통찰력을 얻고 사고의 폭을 넓힐 수 있었기 때문이라고 말한 사람도 있었다.

저마다 자신의 멘토에 대해 한두 마디씩 하는 모습을 보니 시간 제약만 없다면 이야기는 끝없이 계속될 것 같았다. 그들은 자신의 멘토에 대한 깊은 존경심과 애정을 가진 게 분명했다. 그들이 멘토로부터 크나큰 관심과 애정을 받았다고 느끼는 이유는 바로 그들의 멘토가 자기에게 개인적인 시간을 할애했다는 사실 때문인 듯했다. 이는 우리에게 시사하는 바가 크다.

저마다 자신의 멘토와 가진 경험의 내용도 다르고, 멘토를 꼽는 이유는 다르지만 이들이 멘토로 꼽는 사람들은 공통적인 특징이 있었다. 그들은 각각의 개인에게 관심을 두는 사람들이었다. 우리가 잘 아는 옛말 그대로다.

"당신이 얼마나 알고 있느냐보다는 당신이 나에 대해 얼마나 관심을 가졌느냐가 더 중요하다."

 내 생각에 멘토가 되는 일은
유능한 리더, 그 이상의 리더로서 최상의 모습이 되는 것이나 다
름없는 것 같다. 누구나 다 멘토가 될 수는 없다. 어느 정도 특별
한 면이 있는 사람만이 오를 수 있는 자리다. 멘토는 상담자이자
안내자다. 어떤 일을 하는 방법뿐 아니라 그 상황을 조정하거나
올바른 결정을 내리는 방법, 생산적인 인생을 살아가기 위한 비
법 등을 가르쳐주는 사람이다. 오직 최상의 유능한 리더, 그 이
상의 리더만이 등극할 수 있는 자리라고 할 수 있다.

그 진화단계는 이런 순서를 거친다. 관리자의 단계에서는 업
무, 세부사항, 실수나 진척 상황 등에 관심을 기울인다. 코치의
단계에 있다면 그는 모든 관리 업무를 수행하는 동시에 자기 사
람에게서 최상의 것을 이끌어내도록 동기부여, 피드백, 발전적
인 경기 계획 등 모든 것을 동원한다. 멘토 단계에 도달한 사람
이라면 그는 팀 차원의 코치를 뛰어넘어 선수 개인 차원의 코치
에 역점을 둔다. 코치 수준에서는 일 대 다수(One-on-Many)로
서 효과적인 성취를 이룰 수 있지만 멘토의 단계에서는 일 대 일
(One-on-One)로서 가능하다.

일 대 일 방식이야말로 모든 것의 열쇠이다. 인류의 역사상
오랜 세월 동안 멘토 방식만이 유일한 표준이 되었고, 그 외에

다른 방식은 존재하지도 않았다. 수천 년 동안 인간의 지식은 아버지로부터 아들에게, 어머니로부터 딸에게, 마스터로부터 견습생에게 전해져 왔다. 멘토십(Mentorship)이야말로 인간 사회가 발전을 거듭해 온 방식이다.

멘토십은 오늘날 현대사회에서 다시 한 번 그 진가를 발휘하기 시작한 것처럼 보인다. 스코어(Score)같은 지역 비즈니스 프로그램이나 지방의 SBA(Small Business Administation, 중소기업청－역주) 사무소 등에서는 심심치 않게 멘토라는 말을 듣게 된다. 비즈니스와 교육 분야에는 수없이 많은 종류의 논문과 책들이 멘토가 되는 비결, 혹은 멘토의 가르침을 받는 비결 등을 주제로 발간되어 있다. 인생 코치의 형태로 평생 멘토를 고용할 수 있을 것 같은 분위기다.

한 가지 예를 들어보자. 브리검 영 대학교에서는 몇 년 전 학생들을 대상으로 아주 정교한 멘토링 프로그램을 도입했다. 학교는 장래 비전에 대해 가르치는 대학으로 성장할 것이냐, 아니면 연구하는 대학으로 성장할 것이냐 하는 의견으로 나눠져 오랜 시간 공방을 벌이고 있었다. 열린 사고방식의 소유자였던 이 대학 총장은 두 가지를 한꺼번에 할 수 있다고 생각했고, 이를 위해 멘토식 수업방법을 도입했다. 그 결과 교수들은 1학년 학생까지 자신의 연구에 참여시킬 수 있게 되었다. 교수는 가르치며 동시에 연구할 수 있으니 좋았고, 학생들은 마스터로부터 일대 일 방식으로 배울 기회를 얻은 것이다.

회사에서도 신입 사원이 들어왔거나 최근에 새로운 직무로 승진한 직원이 있을 때 훈련의 한 방법으로 멘토링 방식이 사용되곤 한다. 리츠칼튼 호텔은 경험이 풍부한 직원이 신입사원의 멘토로 지정되어 일거수일투족을 본보기로 보이며 개별적인 지도를 한다.

진정한 멘토의 미덕은 바로 이들이 한 조직의 경계선을 초월한다는 점이다. 처음 그들과 맺은 인연은 상사나 동료 혹은 교수님으로 만남을 시작하는 것처럼 조직을 통해서였을지 몰라도 당신이나 그들 중 하나가 먼저 조직을 떠난 후에도, 그래서 일상적인 교류가 단절된다고 하더라도 그들은 여전히 당신의 멘토로서 가슴에 새겨진다.

나는 한 미팅에서 했던 질문을 지금 당신에게도 똑같이 던진다.

'여러분의 멘토는 누구인가?'

내게도 이 질문에 곧바로 떠오르는 얼굴이 있다. 당신의 마음속에는 두세 사람의 얼굴이 떠오를지도 모르겠다. 분명히 자신의 멘토가 속했던 조직이 먼저 떠오르는 사람은 없을 것이다.

"나의 멘토는 제인 존슨입니다. 내가 에크미 사에서 근무할 때 만난 분이죠.”

이렇게 답변할 것이다. 멘토를 묻는 질문에 제일 먼저 떠오르는 생각은 “나의 멘토는 제인 존슨입니다.”인 것이다. 그를 알게 된 장소는 그 다음이다.

마지막으로 멘토십은 유기적이라고 할 수 있다. 멘토와 상대자의 관계는 누군가에 의해 지정되는 것이 아니다. 이들의 관계는 대개 자연스러운 친밀감이나 작은 인연 덕분에 이루어진다. 모든 고용주와 고용인, 부자지간, 교수와 학생 관계가 멘토링 관계로 발전하지 못하는 것은 이런 이유 때문이다. 당신의 멘토를 떠올리더라도 이 사실을 인정할 수밖에 없지 않은가? 멘토는 정해지는 게 아니라 선택되는 것이다.

멘토에게 보답하라

멘토의 이름을 잊지 않고 그가 가르쳐준 내용에 대한 좋은 기억을 간직하는 것만으로는 충분하지 않다. 그와 관련하여 뭔가 더 해야 할 일이 있다. 당신은 그가 베푼 친절과 노력, 그리고 지혜에 보답할 의무가 있다. 구체적 실천방법으로 들어가보자.

먼저, 당신의 인생에서 가장 영향력 있는 세 사람의 멘토를 생각해본 후 종이에 한번 적어보라. 굳이 세 명이 아니어도 상관없다. 생각나는 이름을 전부 적어라.

그러고 나서 각각의 멘토에 대해서 그들이 보여주었던 가장 강력한 코치 기술이나 특성을 세 가지씩 열거해보라. 당신이 거기서 배운 점은 무엇인가? 그들을 멘토라고 생각한 이유는 무엇인가? 당신의 삶과 일터에 적용하고 싶거나 닮고 싶은 점은 무엇인가?

위의 단계를 다 마친 후 중요도에 따라 우선순위를 정해보라. 각각의 멘토로부터 배운 것 중에서 가장 중요한 특성이나 기술은 무엇인가? 당신의 일상생활에 비추어 중요도 순으로 열거해보라.

그리고 목록을 보며 생각하는 시간을 가져보라. 한 달 동안 매일매일 이 목록을 살펴보는 시간을 가져라. 나의 멘토가 내게 해주었던 일과 가르쳐준 것을 매일매일 기억하는 것이 중요하다.

마지막으로 그들에 대한 기억을 존중하고 있음을 행동으로 나타내라. 매일매일 이 목록을 보다 보면 자꾸 마음이 가는 어떤 행동이 있을 것이다. 멘토의 가르침에 경의를 표하기 위해 무슨 일을 하면 좋을지 생각해보라. 가르침에 근거하여 가족, 동료, 직원, 이웃을 지금과 달리 어떻게 대해야 할까? 구체적으로 결심하라. 생각나는 목표나 생각, 좋은 아이디어 등을 적어보라. 팀원을 생각하면 앞에서 언급한 선수 계발 계획을 참고할 수 있을 것이다. 해당 직원의 계획표 상에 있는 핵심 아이템들을 눈여겨본 후 만약 당신의 멘토라면 이 상황에서 어떻게 했을지 생각해보라. 그리고 마치 당신이 그 멘토가 된 듯이 행동해보라. 이런 상황을 반복해서 경험하다 보면 그 멘토의 자질이 내 안에서 자연스럽게 체득되는 것을 느끼게 될 것이다.

나에게 영향을 끼쳤던 멘토의 행동을 따라하는 것은 단순한 흉내가 아니라 그에게 보답하는 가장 멋진 방법이다. 유능한 리더, 그 이상의 리더가 되는 것도 위대한 일이다. 그러나 최상의 유능한 리더, 그 이상의 리더가 되려면 더 많이 보답하려는 자세가 필요하다.

독자 여러분이 이 책을 다 읽고 난 뒤에는 여러분도 누군가를 보다 뛰어난 직원, 더욱 뛰어난 인간으로 만드는 좋은 리더, 좋은 멘토로서 성공적으로 그들을 이끌 수 있게 되기를 기대한다. 또한 이 책을 통해 그들 안에 잠재된 최상의 능력을 끌어내는 데 필요한 기술과 통찰력, 비법, 그리고 다양한 세부적 요령들을 배울 수 있기를 바란다.

당신이 누군가의 멘토가 된다는 것은 바로 최상의 유능한 리더, 그 이상의 리더가 된다는 말과 같다. 그렇게 될 수만 있다면 그것이야말로 당신의 멘토를 가장 영예롭게 하는 길이기도 하다. 그가 당신에게 베푼 대로 당신도 타인에게 베푸는 것이다.

나는 이런 원리를 나의 첫 번째 멘토인 페렐 리 헌터(Ferrell Lee Hunter)에게 배웠다. 그는 회사의 부사장을 맡아 본사의 지점에서 일했다. 내가 세일즈맨으로 첫 단추를 끼우던 시절에 그는 서비스가 무엇인지를 제대로 가르쳐주었다. 내가 그의 가장 존경하는 부분은 바로 불같이 위급한 상황에서 발휘하는 냉철한 이성이었다. 다른 사람들이 어쩔 줄 몰라 하면 할수록 그의 침착성은 더욱 빛을 발했다. 그는 훌륭한 피스메이커였다.

나는 그를 통해 영업에 대해, 또 사람을 다루는 방법에 대한 많은 정보와 기술을 배울 수 있었다. 그래서 늘 그에게 끊임없이 넘칠 듯한 감사한 마음을 말로 표현했다. 어느 날, 그날도 역시 나는 내가 느끼는 고마움을 그에게 쏟아냈다. 그가 조용히 대답했다.

"나한테 그럴 것 없네. 나도 누군가에게 받은 대로 한 것뿐이니까 말이야. 자네도 내게 되돌려주는 대신 다른 사람에게 갚도록 하게."

물론 멘토에 대한 감사를 표현할 때 은행 대출금을 상환하는 것처럼 원금과 이자를 계산하듯 직접적일 수는 없다. 그 다음 사람에게 갚는 형태에 가깝다. 자신의 멘토에 대해 경의를 표하고

자 한다면 당신은 그에게 받은 대로 타인에게 되돌려주고 베풀어야 한다. 당신의 후배와 특별한 멘토십 관계를 이어가는 것이다. 그 대상은 조카, 혹은 이웃이나 교회에서 만난 어린아이가 될 수도 있다. 아니면 가족 누군가의 친구가 될 수도 있을 것이다. 또 비행청소년지도원으로 자원봉사를 할 수도 있고, 지역사회의 청소년센터 등에서 잠깐씩 봉사를 하는 것일 수도 있다. 멘토가 되어 누군가에게 되갚는 방법은 수없이 많다.

밥 스타우스도 그런 사람 중 하나였다. 밥은 집에서 가까운 인근 대학교 MBA 프로그램에서 멘토 역할을 하기로 했다. 그는 대기업의 CEO로 일하다가 은퇴한 후 이 학교에서 7년 동안 자원봉사에 참여했다. 그는 일 대 일로 학생들의 멘토링을 시작했고, 그들과 함께 점심을 먹으면서 약 한 시간 동안 이야기를 나누었다. 학생들은 그에게 여러 가지 다양한 질문을 했고, 때때로 그의 충고를 간절히 원했다. 멘토링에 관심을 둔 또 한 사람의 퇴직 CEO를 알게 된 밥은 그와 함께 학생들을 두 팀으로 나누어 지도했다. 두 명의 전직 CEO는 일주일에 두 번씩 한 학생당 각각 45분씩 시간을 배정해 이야기를 나눴다. 멘토링을 받는 학생에게도 큰 도움이 되었겠지만, 그 시간은 두 명의 은퇴한 노인에게도 두 눈을 반짝이는 젊은 학생들과 만나 옛날의 영광을 다시 한 번 만끽하는 즐거움을 주었다. 밥은 당시의 즐거움을 이렇게 기억한다.

“멘토십에 참여한 학생들에게 우리는 그들의 인생에서 처음으로 직접 만나본 성공한 어른이었죠. 우리가 받은 것을 되돌려 주기에는 더없이 좋은 기회인 셈이었어요.”

내 최고의 멘토, 피트 허먼

내가 진정한 멘토로 존경하는 또 한 사람이 있다. 그는 바로 피트 허먼(Pete Harman)이다. 그는 KFC 켄터키 후라이드 치킨 가맹점 1호를 운영한 사람이다.[1]

1950년대 초반, 허먼은 유타 주(州) 의 솔트레이크 시티(Salt Lake City)에서 ‘허먼의 카페’[2]라는 식당을 운영했다. 허먼은 우연히 할랜드 샌더스(Harland Sanders) 대령과 알게 되었는데, 대령은 자신만의 맛있는 치킨을 만드는 비법을 가지고 있었고 이것을 어떻게 사업으로 연결할 것인가에 대한 고민을 그에게 털어놓았다. 두 사람은 곧 동업자이자 친구 사이로 발전했고, 그 결과 지금의 KFC가 탄생하게 되었다. KFC 탄생 이후 미국은 물론 세계의 음식점 체인사업이 완전히 새로운 양상으로 달라졌다.[3] 피트는 샌더스 대령이 시작한 음식점 체인의 첫 번째 가맹점을 열어 '켄터키 후라이드 치킨'이라는 간판을 내걸었다. 가게에서 사서 집으로 돌아가 가족과 함께 저녁으로 먹을 수 있는 닭고기라는 특색을 살린 이 아이디어는 KFC만의 독창적 이미지인 '푸짐한 한 바구니의 치킨'[4]으로 승승장구를 거듭해 크게 성공했다. 피트는 미국 서부지역에만 수백 개의 가맹점을 소유하게 되었고, 샌더스 대령은 패스트푸드의 새로운 역사를 쓰게 되었다.

피트가 사업가로서 대성을 거둔 점도 존경스럽지만, 내가 특히 강조하고 싶은 점은 그가 보여준 고상한 인격이다. 수년간 그

당신의 멘토에게 경의를 표하라

1. 당신의 인생에서 가장 영향력 있는 세 사람의 멘토를 생각해본 후 그들의 이름을 적는다.

2. 그들이 보여준 가장 강력한 코치기술이나 특성을 세 가지씩 열거한다.

3. 열거된 내용을 중요도에 따라 우선순위를 정한다.

4. 한 달 동안 매일매일 이 목록을 살펴보는 시간을 갖는다.

5. 그들을 멘토로서 존경하고 있음을 행동으로 나타낸다.

의 오른팔과 같은 역할을 했던 제이 알렉산더(Jay Alexander)는 피트의 성품을 바로 드러내는 한 가지 일화를 전해주었다.

피트가 '허먼의 카페'에서 맨 처음 샌더스 대령의 비법으로 만든 프라이드치킨을 판매하기 시작했을 때, 가게에는 기존에 운영되던 메뉴가 있었고 프라이드치킨은 추가된 아이템에 불과했다. 그렇지만 피트와 대령은 새로운 메뉴를 대대적으로 홍보할 계획을 세우고, 가게 창문에 홍보용 그림을 그려 넣기로 했다.

페인트공이 가게에 와서는 피트에게 말했다.

"인상적인 이름을 하나 내거세요. 그저 프라이드치킨이라고만 해서는 좀 약해요."

이런저런 의견을 나누던 도중에 페인트공이 아이디어를 내놓았다.

"켄터키 후라이드 치킨(Kentucky Fried Chiken) 어때요?"

피트는 켄터키 지역이 가게가 있는 유타 주(州)와 꽤 떨어진 곳이어서 특별하게 들릴 것 같다며 그 제안을 반겼다. 곧 켄터키 후라이드 치킨이라는 이름이 카페 유리창에 글자로 써 붙었고, 지금의 KFC라는 이름이 탄생된 것이다.

몇 년 후, 그들에게 이름을 지어주었던 페인트공이 늙고 병들어 일도 그만두고 죽음을 기다리며 힘들게 살게 되었다. 어느 날 피트와 제이 알렉산더가 그의 집을 찾아왔다. 피트는 페인트 공이 노년에 재정적으로 어려움을 겪고 있다는 소식을 들었던 것이다. 그는 노인에게 물었다.

"영감님, 혹시 저희 가게에 이름을 지어주신 대가로 로열티를 받으신 적 있으세요?"

노인은 웃으면서 고개를 흔들었다. 피트는 아무렇지도 않게 수표 한 장을 써서 부부에게 건넸다. 늙은 페인트공은 수표에 적힌 액수를 보고는 "헉" 소리를 냈고, 그의 아내는 큰소리로 울기 시작했다.[5]

오랫동안 함께 일했던 제이 알렉산더는 피트에 대해 이렇게 말한다.

"나는 피트 허먼을 네 단어로 말할 수 있다고 생각합니다. 그건 바로 '올바른 일을 하는 사람' 입니다."[6]

나는 피트를 1985년에 처음 만났다. 우리는 그 당시 『2등 사원은 항상 일만 한다』를 막 출간한 상태였다. 우리의 만남은 허먼 코퍼레이션(Harman Corporation)의 한 직원이 이 책을 읽은 후 내가 회사의 매니저들을 상대로 강연을 하면 좋겠다는 아이디어를 떠올리면서 이루어졌다. 그 직원은 나에게 연락해 강연을 부탁했고, 나는 기꺼이 수락했다. 그런데 직원이 말하길 매니저들에게 강의를 하기 전에 먼저 사장인 피트 허먼과 만나야 한다는 것이다.

나는 피트라는 인물이 누군지 잘 몰랐기 때문에 내심 좀 불쾌한 마음이 떠올랐다. 먼저 피트를 만나야 한다는 게 그 회사 매니저들에게 강의하기 전에 무슨 대단한 허락이라도 받으라는 것처럼 들렸기 때문이다. 어쨌든 나는 그들의 의견에 따르기로 하고 허먼 씨와 만날 약속시간을 잡았다.

당시 허먼 코퍼레이션은 미국 서부지역에 총 300여 개의 KFC 매장을 운영하는 대형 회사였다. 사장인 피트 허먼은 대기업 사장답지 않게 평범하고 소박했다. 그리 비싸 보이지 않는 광택이 나는 코트(화려한 색깔로 운동선수들이 즐겨 입는 상의)와 바지 차림이었고, 구두도 평범한 것을 신고 있었다. 그는 나와 자리를 함께 하자마자 이렇게 말했다.

"척, 이 자리는 당신의 자격이나 능력을 확인하려고 만든 게 아니라는 점을 이해해주기 바랍니다. 나는 당신이 우리 매니저들을 만나기에 앞서 그들이 내게 얼마나 특별한 사람들인지 먼저 알았으면 합니다."

그는 이어서 매니저들에 대한 특별한 이야기를 내게 풀어놓기 시작했다. 그에 따르면 이들은 모두가 밑바닥에서부터 시작해 매니저급으로 올라온 사람들로, 새로운 가게를 열어 KFC의 가맹점에 들어온 것이라고 했다. 그는 캘리포니아 오클랜드 시출신의 한 근면한 부부에 대해 들려주었다. 부부는 새크라멘토에 KFC 매장을 오픈 했는데 계산서를 제대로 읽을 수 없는 문맹자 남편을 대신해 아침 개장시간과 저녁 폐장시간에 맞춰 하루에 2교대를 뛰어야 했던 부인에 대한 이야기였다. 이와 비슷한 이야기는 끝없이 계속되었다. 그는 내가 이들이 어떤 사람인지를 제대로 알아야 그들과 제대로 된 만남을 가질 수 있다는 사실을 누차 강조했다. 이들 모두는 피트에게 너무나 각별하고 소중한 사람들이었다. 2시간 반에 걸친 대화가 끝날 무렵 나도 피트도 눈시울이 붉어져 있었다.

내가 생각할 때 피트 같은 사람이야말로 진정으로 유능한 리더, 그 이상의 리더다. 그중에서도 단연코 으뜸이라고 할 수 있다. 피트 허먼은 자기 사람들에 대해 잘 알고 있었고, 그들이 빛을 발휘할 기회를 제공했다. 그는 그들을 공평하고 정직하게, 그리고 존중심을 갖고 대했다. 그는 그들이 보는 앞에서만 칭찬하는 것이 아니라 고작 한 시간 안팎의 시간 동안 그들에게 강의하는 나 같은 컨설턴트에게까지 자랑하고 싶어 했다. 그는 순수한 마음으로 먼저 자기 직원들을 사랑했고, 그 결과 직원들 역시 순수한 마음으로 그를 사랑할 수 있었다.

나는 다른 사람들을 가르치고 인도하는 일을 시작한 이래로 피트의 사례를 자주 인용하며 그에 대한 나의 존경을 표현해왔다. 이 책 역시 피트나 페렐을 포함한 나의 인생 멘토께 존경을 표하는 한 가지 방편인 셈이다.

이 책을 읽는 독자 여러분도 당신의 멘토를 떠올리는 시간을 갖고 지금 이 순간부터 그의 가르침을 다른 사람에게 되갚는 일에 동참하기를 바란다.

멘토가 된다는 것은 최상의 유능한 리더, 그 이상의 리더가 되는 것을 의미한다. 멘토는 상담자이자 안내자다. 단지 어떤 일을 하는 방법을 가르쳐주는 것에서 끝나는 것이 아니라 그 상황을 다스리고 올바른 의사결정을 하며 생산적인 인생을 살아가는 비결을 조명해주는 스승이다. 멘토의 가르침에 대한 소중한 추억만으로는 충분하지 않다. 당신은 그 가르침을 타인에게 되갚아줘야 할 책임이 있다. 아래에 소개된 간단한 훈련을 통해 이 일을 시작할 수 있을 것이다.

- 당신의 인생에서 가장 영향력 있는 세 사람의 멘토를 생각해본 후 그들의 이름을 적어보라.
- 그들이 보여준 가장 강력한 코치기술이나 특성을 세 가지씩 열거해보라.
- 열거된 내용을 중요도에 따라 우선순위를 정해보라.
- 한 달 동안 매일매일 이 목록을 살펴보는 시간을 가져라.
- 그들을 멘토로서 존경하고 있음을 행동으로 나타내라.

우선 순위	멘토 이름	코칭 기술 및 특성

8

중요한 것은 사람이다

다시 처음 출발점으로 돌아가보자. 이 책의 주요 관심사는 어떻게 하면 유능한 리더, 그 이상의 리더가 될 수 있는가에 맞춰져 있다. 그러나 지금쯤이면 당신은 이 말의 중심이 바로 '사람'이라는 사실을 확실하게 인식했을 것이다. '사람'이 '리더'보다 먼저다.

여기서 다시 한 번 어니스트 섀클턴의 일화를 되새겨보자. 남극 탐험에 나섰던 섀클턴과 마찬가지로 당신이 타고 가야 할 배 또한 사람 없이는 항해할 수 없다. 이 책을 통해 당신도 자기 사람들을 보다 뛰어난 리더가 되도록 가르칠 수 있다면 좋겠다.

자, 그럼 이제 이 책을 내려놓은 후 당신의 사람들이 있는 그곳으로 가서 먼저 무엇을 해야 할까? 더 나은 인재로, 더 강한 인재로 키우기 위해 리더인 당신이 할 수 있는 일은 무엇일까?

어떤 방식으로 최고의 인재를 발굴하고 최악의 사람을 가려내며, 현재 보유하고 있는 인력을 코치할 계획인가? 그들에게 어떻게 동기부여하고 훈련하며, 꼭 맞는 일을 찾아 줄 것인가? 어떻게 고유의 상식을 창조해나가고, '왜?' 가 가진 힘을 활용해 강한 팀을 만들어낼 것인가? 어떤 방식으로 당신만의 점수기록 시스템을 구축하여 팀원들이 하루하루 승리하도록 할 수 있을까?

또한 양질의 적절한 피드백을 제공하는 능력을 향상시킬 방법은 무엇일까? 반복되기를 바라는 행동에 대해서는 어떤 보상을 주어야 하며 팀원의 성공을 축하하는 좋은 방법에는 어떤 것이 있을까? 마지막으로, 내가 받은 가르침을 다음 사람에게 갚는 일은 어떻게 하는 게 좋을까?

이런 고민을 한다면 어니스트 섀클턴에 대해, 그리고 그가 자신의 탐험에 적합한 사람들을 선택할 수 있었던 점에 대해 다시 한 번 생각해보기를 바란다. 또한 던 프라차드가 자기 팀원의 강점과 약점을 파악한 후 강점을 통해 승부를 걸었던 사실을 떠올리자. 우든 코치는 자기 선수들의 정확한 필요 지점을 찾아 ― 하찮은 양말에 대한 관심에 이르기까지 ― 그 필요를 채워준 사람이었다. 노란색 메모지를 받는 일을 직원들의 하루 일과 중 하이라이트로 만들었던 잭 미첼의 경우도 기억하라. 자신의 멘토로부터 받은 가르침을 잊지 못해 수백 명의 MBA 학생들에게 멘토 역할을 자청했던 밥 스타우스의 경우도 잊지 말자.

당신에게도 저마다 소중한 멘토가 있기를 바란다. 그들은 누구이며, 무엇을 가르쳐주었는가? 당신은 그들이 대가 없이 준 가르침과 본보기를 다음 사람에게 어떤 식으로 전수해야 할까?

앞에서 말했듯이 유능한 리더, 그 이상의 리더가 되는 길은 결코 쉽지 않다. 어떤 사람들은 선천적으로 타고 태어난 놀라운 리더십의 소유자로서 그 면모를 확실히 드러낸다. 하지만 대부분은 이를 위해 많은 인내의 시간과 뼈아픈 노력을 바쳐야 한다. 그럼에도 당신의 팀원이나 직원들은 이런 정성을 기울일 만큼 충분히 가치 있는 사람들이다. 리더인 당신은 그들의 잠재력을 끌어내어 품격 있는 인간으로 살아가게 할 수도 있고, 반대로 그들을 도덕적으로 타락시키거나 인생을 망치게 할 수도 있는 자리에 있다. 그들은 물론 전자에 해당하는 가치를 지닌 존재다. 전자의 경우가 되었을 때만이 그들 또한 당신의 요구 이상으로 보답할 것이다. 이렇게 된다면 지금은 상상도 하지 못했던 성공이 당신과 당신의 팀 모두에게 찾아올 것이다.

데이비드 맥컬로(David Mccullough)는 『1776년』에서 유능한 리더, 그 이상의 리더의 전형이었던 조지 워싱턴이 보여준 리더십의 한 장면을 묘사하고 있다.

때는 1776년 12월 31일, 미국의 탄생을 축하하는 해이기도

했지만, 한편으로는 전례 없는 폭력과 투쟁의 해이기도 했다. 한 해를 마감하는 시점이었으나 독립전쟁은 승리를 거두지 못한 채 지속되었고, 불행히도 군대의 자원입대기간마저 종료되는 시점이었다. 1777년 1월 1일자로, 군인들은 복무기간이 종료되어 고향으로 되돌아갈 수 있었다. 이 부분에서 맥컬로가 쓴 당시의 상황을 인용해보자.

1776년의 마지막 날, 조지 워싱턴은 미군 선임병사들에게 전장에 남아줄 것을 강력히 호소했다. 달리 아무런 권한도 행사할 수 없게 된 상황에서 그는 자원입대기간이 종료되는 다음 날부터 6개월 동안 복무를 연장해주는 병사에게는 한 사람당 10달러의 하사금을 내리겠다고 말했다. 당시 군인은 월평균 6달러를 받고 있었으므로 이 금액은 상당한 액수였다.

현장에 있던 한 병사는 사열한 연대 앞에서 워싱턴이 커다란 말에 올라 너무도 애정 어린 태도로 그들에게 호소했던 연설을 기억하고 있다. 병사가 소속된 연대는 상당수가 뉴잉글랜드 출신으로 다른 병사들보다 더 오랜 기간 복무했고, 그래서 더 이상 어느 누구의 요청에도 꿈쩍할 생각이 없었다. 워싱턴은 군대에 더 남을 사람은 대열 앞으로 나오라고 말했다. 북 소리가 울렸지만 누구도 앞으로 나서는 병사가 없었다. 몇 분 동안 침묵이 흐르고 나서 워싱턴은 말머리를 돌리며 이렇게 말문을 열었다.

"용감한 나의 동지들이여, 제군들 모두는 내가 요청한 것 이상으로 그동안 잘 해내주었다. 그러나 지금 제군들의 조국이 위기에 처해있다. 어디 그뿐인가? 제군들의 아내, 집, 소중하게 생각하는 그 모든 것이 위기 앞에 놓여있다. 모두 극도의 피로와 고난으로 지칠 대로 지쳐있다는 것은 나도 잘 알고 있다. 내가 달리 도울 방법이 없어 안타까울 따름이다. 만약 제군들이 여기서 한 달을 더 버티고자 한다면 그것은 이 나라의 자유를 수호하는 데 크게 이바지하는 힘이 될 것이다. 물론 이와 같은 위기 상황만 아니라면 이렇게까지 해야 할 필요는 없을 것이다."

다시 북소리가 울려 퍼졌다. 이번에는 하나둘씩 병사들이 앞으로 나왔다.

나다니엘 그린(Nathanael Green)은 이렇게 썼다.

"전능하신 주여, 주께서 저들의 가슴이 그 요청에 귀 기울이게 하사 그들로 하여금 다시 일어서게 하셨습니다."

그날 해가 저물기 전, 조지 워싱턴은 의회에서 표결되어 하사금을 포함해 사실상 군을 통솔하고 유지하는 데 필요한 모든 권한을 부여받게 되었다는 소식을 접했다. 볼티모어 의회에서는 조지 워싱턴에게 앞으로 6개월 동안 거의 독재자나 다름없는 권한을 부여해 군림하도록 허락한 것이다. 이 소식을 알리는 편지에는 이런 구절

이 담겨있다.

"워싱턴 장군이 이렇게 무제한의 권한을 얻은 것은 이 나라를 위해서 참 다행스러운 결정이다. 덕분에 국민의 안전, 자유, 재산 등을 최대한 보장받을 수 있을 테니까 말이다."[1]

몇 백 년 뒤 제 40대 미국 대통령 로널드 레이건(Ronald Reagan)은 워싱턴 장군의 위업과 우리 모두의 가능성을 다음과 같은 한마디로 표현했다.

"위대한 지도자는 반드시 위대한 일을 한 사람만 말하는 것이 아니다. 그는 남들이 위대한 일을 해낼 수 있도록 만드는 사람이다."[2]

이것이야말로 지금 당신 앞에 놓인 도전인 셈이다. 이제 당신에게 주어진 그들 안에 잠재된 위대함에 집중해보라. 그러면 당신도 그들과 더불어 위대한 사람이 될 수 있다.

참고문헌

| 제 1 장 |

1. 마곳 모렐(Margot Morrell) · 스테파니 카파렐(Stephanie Capparell) 공저, 『실패한 탐험가 성공한 리더(Shackleton's Way)』, Viking, 2001. 한국어판 북하우스, 2003.

2. http://www.pearyhenson.org/northPole1909/bookintro4.html

3. http://www.south-pole.com/p0000052.htm

4. 캐롤라인 알렉산더(Caroline Alexander), 『인듀어런스(The Endurance)』, p 9, Alfred A. Knopf, 2000. 한국어판 뜨인돌, 2002.

5. 『실패한 탐험가 성공한 리더』, p 61~62.

6. 『인듀어런스』, p 54. 『실패한 탐험가 성공한 리더』, p 61.

7. 『실패한 탐험가 성공한 리더』, p 63.

8. 『인듀어런스』, p 21~22. 『실패한 탐험가 성공한 리더』, p 58~59.

9. 『인듀어런스』, p 15/23.

10. 『인듀어런스』, p 28.

11. 『인듀어런스』, p 18/25.

12. 『인듀어런스』, p 25~44.

13. 『인듀어런스』, p 44.

14. 『실패한 탐험가 성공한 리더』, p 98.

15. 『실패한 탐험가 성공한 리더』, p 99.

16. 『인듀어런스』, p 89.

17. 『인듀어런스』, p 121/135/141.

18. 『인듀어런스』, p 141.

19. 『인듀어런스』, p 143~153.

20. 『인듀어런스』, p 164~165.

21. 『인듀어런스』, p 107/145/149/171~176.

22. 『인듀어런스』, p 182/185.

23. 보우 리펜버흐(Beau Riffenburgh), 『스캇의 남극 탐험(With Scott to the Pole)』, Barns & Noble Books, 2004.

24. 『실패한 탐험가 성공한 리더』, p 56.

25. 짐 콜린스(Jim Collins), 『좋은 기업을 넘어 위대한 기업으로(Good to Great)』, p13, Harper Business, 2001. 한국어판 김영사, 2002.

| 제 2 장 |

1. 데이비드 두프리(David DuPree), '크르체브스키가 이끌었던 모든 팀(It's All about the Team for Krzyzewski)', USA투데이 2006년 7월.

2. 『좋은 기업을 넘어 위대한 기업으로』, p 39.

3. http://en.wikipedia.org/wiki/Charles_H._Percy

4. 찰스 쿤라트(Charles A. Coonradt), 『확실성의 관리(Managing the Obvious)』, p 171~172, The Game of Work, 1994.

5. http://en.wikipedia.org/wiki/Charles_H._Percy

6. 켄 폴리트(Ken Follett), 『독수리 날개 위에(On Wings of Eagles)』, p 74~76, New American Library, 1983.

7. 찰스 쿤라트, '어떻게 코치하느냐에 따라 결과가 달라진다(Coaching Makes the Difference)' 강연.

8. http://espn.go.com/page2/s/questions/wooden.html

9. http://uclabruins.cstv.com/sports/m-baskbl/spec-rel/ucla-wooden-page.html

10. http://www.coachwooden.com 사이트에 공개된 인터뷰 비디오. 약 7분 45초.

11. http://www.brainyquote.com/quotes/authors/j/john_wooden.html

| 제 3 장 |

1. 카렌 케이스 호칭(Karen Case Ho-Ching), '실험(Experiment)', 엔사인(Ensign) 2006년 6월호 p 8~9.

2. https://jetblue.recruitmax.com/ENG/candidates/default.cfm?szCategory=jobprfile&szOrderID=13311&szCandidateID=0&szSearch Words=&szReturn To Search=1

3. 하비 맥케이(Harvey B Makay), 『상어와 함께 수영하되 잡아먹히지 않고 살아남는 법(Swim with the Sharks without Being Eaten Alive)』, p 185~187, Harper Collins, 1988. 한국어판 아카데미북, 2003.

4. 밥 스타우스(Bob Stauth)가 저자에게 보낸 이메일 메시지, 2006년 8월 28일.

5. http://utladyvols.cstv.com/sports/w-baskbl/spec-rel/081806aac.html

6. 팻 서밋(Pat Summitt), 『정상을 향해 팔을 뻗어라(Reach for the Summit)』, p 230, Broadway Books, 1998.

| 제 4 장 |

1. 톰 래스(Tom Rath) · 도널드 클리프턴(Donald O. Clifton) 공저, 『당신의 물통은 얼마나 채워져 있습니까?(How Full Is Your Bucket?)』, p 31, Gallup Press, 2004. 한국어판 해냄, 2005.

2. http://www.careerbuilder.com/share/aboutus/pressreleasesdetail.aspx?siteid=cbpr&id=pr117&red=12%2f31%2f2004&sd=5%2f5%2f2004&sc=cmpl=cb_pr117_&cbRecursionCnt=1&cbsid=3db1b727aca44fb4a393e4ecab31dae22140882003-WZ-2

3. http://www.ritzcarltom.com/corporate/empolyment/faq.asp

4. http://www.ritzcarltom.com/corporate/press-room/kits/baldridge.html

5. http://www.ritzcarltom.com/corporate/about_us/gold_standards.asp

6. http://www.ritzcarltom.com/corporate/about_us/gold_standards.asp

7. http://www.ritzcarltom.com/corporate/about_us/awards.asp

| 제 6 장 |

1. 『당신의 물통은 얼마나 채워져 있습니까?』, p 17~26.
2. 델 존스(Del Jones), '바다 세상의 방식으로 직원을 트레이닝 하라(Training Workers the Sea World Way)', USA투데이 2006년 8월 21일자.
3. http://www.quotedb.com/quotes/1086

| 제 7 장 |

1. http://www.kfc.com/about/history.asp
2. http://www.bluemaumau.org/kentucky_fried_chickens_first_franchise, http://www.bluemaumau.org/kfcs_first_franchisee_part_2.
3. 위와 동일
4. 위와 동일
5. http://www.bluemaumau.org/kentucky_fried_chickens_first_franchise, http://www.bluemaumau.org/kfcs_first_franchisee_part_2.
6. 위와 동일

| 제 8 장 |

1. 데이비드 맥컬로(David McCullough), 『1776』, p 284~286, Simon & Schuster, 2005.
2. 엘리자베스 도올(Elizabeth Dole), 『불에 데인 심장(Hearts Touched with Fire)』, p 145, Carroll & Graf, 2004.

※ 인용된 참고문헌의 출처는 영문 페이지 기준임.

유능한 팀장, 그 이상의 팀장

초판 인쇄 | 2008년 6월 25일
초판 발행 | 2008년 7월 2일

지은이 | 찰스 쿤라트 · 리사 앤 톰슨
옮긴이 | 정용숙
펴낸이 | 심만수
펴낸곳 | (주)살림출판사
출판등록 | 1989년 11월 1일 제9-210호

주소 | 413-756 경기도 파주시 교하읍 문발리 파주출판도시 522-2
전화 | 영업부 031)955-1350 기획편집부 031)955-4661
팩스 | 031)955-1355
이메일 | salleem@chol.com
홈페이지 | http://www.sallimbooks.com

ISBN 978-89-522-0929-0 03320

* 잘못된 책은 구입하신 서점에서 바꾸어 드립니다.
* 저자와의 협의에 의해 인지를 생략합니다.

책임편집 · 교정 | 류선미

값 10,000원

살림Biz는 (주)살림출판사의 경제 · 경영 전문 브랜드입니다.